Sahumerios Mágicos

Curso – Libro

Por
Juan Marcos Romero Fiorini

Curso-Libro

Esta modalidad de Curso-Libro busca poder brindar el conocimiento necesario para que el practicante de magia pueda experimentar la alquimia de la preparación de sahumerios mágicos. Para lo cual no solo nos valdremos del recurso escrito sino también de material audio-visual aprovechando los beneficios que brinda hoy la tecnología. Este Curso-Libro incluye un código de acceso a la plataforma Google Clasroom donde se encuentran vídeos explicativos de los diferentes temas que se desarrollan en cada capítulo, como también clases prácticas con consejos para cada preparación y demostraciones de como poder consagrar tus sahumerios para luego utilizar en tus rituales, practicas de meditación o trabajo personal espiritual.

Se elige este método para brindar este curso de Sahumerios ya que permite brindar mayor material, el cual se lo presenta de una forma más ordenada y el acompañamiento de clases en vídeo permite que siempre estén disponibles para el practicante en el momento que decide crear sus sahumerios mágicos.

Además, en el material se presenta una guía de correspondencias de las maderas, hierbas, resinas y flores más utilizadas en la preparación de sahumerios mágicos, como también las principales recetas que abracan distintas intenciones mágicas como trabajo espiritual, limpieza de energías, armonizar espacios, acompañar procesos de sanación, etc.

Índice

Agradecimientos

Este curso no hubiera sido posible sin el acompañamiento de un gran equipo. Quiero agradecer a Ana María Martínez Rocha, quien preparo con gran cariño el material de cada madera, hierba, flor y polvo que se presentan en este libro. También agradecer a Sebastián Hidalgo quien generosamente brindo las recetas para sahumerios de las distintas Diosas y Dioses, como también de varias recetas esotéricas que se presentan en este texto. Al igual que agradecer a Aurelia Romero Cordero Araus quien también con mucho cariño nos compartió para este libro sus recetas sobre los Signos Zodiacales y Arcángeles.

Sin más que decir, esperamos que este material sea de tu agrado y disfrutes el inmenso mundo de los Sahumerios Mágicos.

Introducción

Efecto de los aromas Hablar de las plantas y su influencia sobre el hombre es dividirlas entre dos aspectos fundamentales, el de tipo espiritual y el fisiológico. El de tipo espiritual es el que hemos tratado en el tema anterior donde se marca claramente el poder que tiene la adquisición de la conciencia superior desde las prácticas ancestrales, pero es preciso demarcar igualmente como el cuerpo presenta respuestas ante el contacto con las hierbas. Una de las vías por las cuales los espíritus se acercan o transmiten sus saberes y propiedades a los brujos es a traves del sistema olfativo. El ser humano presenta interdependencia con su entorno por tanto las señales químicas del ambiente son las protagonistas en el sentido del olfato. Hierbas como el eucalipto, el jengibre, el limón entre otros liberan sus propiedades sanadoras por medio de sahúmos o evaporizaciones en forma de sustancias. Estas sustancias dispersas en el aire desarrollan una interacción entre el poder de la planta y el objetivo mágico o medicinal por el cual está siendo utilizada ya que este sistema posee una modalidad "dual" que le permite detectar estímulos externos e internos. Por tal razón se hace hincapié en la necesidad de que el brujo constantemente realice trabajos de introspección permitiéndose agudizar sus sentidos en este caso el olfato. Existen 400 moléculas receptoras, pero tenemos la capacidad de distinguir entre alrededor de 4000 olores.

Esto es posible gracias a la integración que se produce a distintos niveles de las vías olfatorias, lo cual nos permite analizar y comprender la magnitud de beneficios que podemos obtener de las hierbas a través de el correcto uso de sus aromas. Cada olor puede estimular a más de un receptor bajo el propósito mágico por el cual se trabaja, así mismo produciendo un estímulo determinado, propio y específico de cada receptor. Esto evidencia como, la información de los olores puede influir y estar contenida en una amplia comunidad neuronal, no siendo única. Por esto, la contribución de cada receptor origina la información final siendo esto motivo para crear conciencia de cómo nuestro cerebro puede trabajar de la mano con el conocimiento espiritual de las hierbas y como pude ser un vehículo de sanación y trasformación, desde el afuera hacia los adentros del ser y en el sentido contrario.

Capítulo I

Las Maderas

El Aserrín

Lo primero que debemos tener en cuenta a la hora de preparar sahumerios es el tratamiento del Aserrín que vamos a utilizar ya que es la base de nuestro incienso y de saltarnos este paso puede afectar tanto en el aroma como en el quemado. **Elección:** es importante que sepamos que madera o maderas contiene el aserrín que hemos obtenido. Por lo general cuando recurrimos a madereras o carpinterías nos suelen dar aserrín que se encuentra bajo las maquinas de corte por lo cual es importante aprovechar en el momento para consultar a que maderas pertenecen. En este punto es importante que no sean de fibrofásil, planchas de maderas que poseen algún tratamiento especial como son las Melaminas, etc. Se hace esta aclaración porque todas las maderas que han pasado por un tratamiento químico, mezcladas con plásticos o re utilizadas siempre tienen tóxicos y podemos verlo en el humo color negro y el aroma, si quemamos un poquito del aserrín. Aclarado este punto siempre es importante saber la procedencia ya que si sabemos que tipos de madera tiene podemos buscar las correspondencias mágicas que tienen dichos arboles las cuales se encuentran en la esencia de dicha madera.

Por esto es que si deseamos realizar un sahumerio con la función de mantener solido un proyecto o que será quemado en un local comercial, el Roble sería una gran elección. Como si lo que se busca de un sahumerio fuera una práctica espiritual, una gran opción sería el Fresno. A continuación les voy a dejar una lista de correspondencias según las distintas maderas (no son las únicas porque cada cultura tenía su visión mágica frente a los distintos árboles pero la que se brinda es universal y bastante amplia para los diferentes usos).

Abedul (Betula)

Género: Femenino.
Planeta: Venus.
Elemento: Agua.
Deidad: Thor.
Propósitos mágicos: Protección, alejar malos espíritus, purificación. Justicia, veracidad, resistencia, determinación, adaptabilidad, vitalidad, sabiduría interior y liderazgo son las principales características y virtudes del Abedul.

La madera del abedul puede trasmitir sabiduría e iluminación ya que es un árbol sagrado para los pueblos antiguos, quienes lo relacionaban al sol y la luna que energéticamente traen consigo la energía del Dios y la Diosa.

También mágicamente sus maderas transmiten protección y fortaleza puesto que su corteza es impermeable y se podría decir que casi incorruptibles, características que eran propicias para la construcción de arcos con dicha madera.

Almendro (Gossypium barbadense)

Género: Masculino.
Planeta: Mercurio
Elemento: Aire.
Deidades: Attis, Mercurio, Thot, Hermes.
Propósitos mágicos: Dinero, prosperidad, sabiduría.
Almendro es un árbol cuyas características van desde la luz y la sabiduría.

Debido a que el almendro es uno de los árboles que representa la fertilidad y la abundancia debido a sus frutos su madera es utilizada para atraer la energía del dinero y la prosperidad.

Eucalipto (Eucalyptus spp.)

Género: Femenino.
Planeta: Luna.
Elemento: Agua.
Propósitos mágicos: Curación y protección

El eucalipto energéticamente nos trae la energía de la curación y la protección, a través de la quema de su madera nos transmite su espíritu a través del humo, trayendo a las personas que tienen contacto con esta vitalidad, fuerza energética, protección al igual que al espacio físico.

Pino (Pinus spp.)

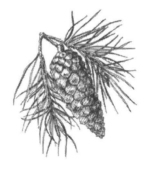

Género: Masculino.
Planeta: Marte.
Elemento: Aire.
Deidades: Cibeles, Pan, Venus, Dionisos, Astarté y Silvano.

Usos mágicos: Curación, fertilidad, protección, alejar malos espíritus y dinero.

La madera del pino ayuda a aliviar emociones negativas, sentimiento de culpas y los sentimientos de insatisfacción por no alcanzar logros determinados. El espíritu de este árbol a través del sahúmo, permite la renovación energética trayendo el poder de la resiliencia, retirando la negatividad y trasmitiendo frecuencias positivas, liberando el espíritu y aclarando la mente al plano de avance.

Sauce (Salix alba)

Género: Femenino.
Planeta: Luna.
Elemento: Agua.
Deidades: Artemis, Ceres, Hécate, Perséfone, Hera, Mercurio.
Propósitos mágicos: Amor, adivinación amorosa, protección y curación.

La madera del sauce convertida en sahúmo al tener contacto con nuestro cuerpo emocional a través de su aroma nos pone en contacto con nuestros sentimientos y emociones profundas. También potencia el poder de la intuición y la videncia a través de los sueños.

Manzana (Pyrus spp.)

Género: Femenino. Planeta: Venus.
Elemento: Agua.
Deidades: Venus, Dionisos, Apolo, Hera, Atenea, Afrodita, Diana, Zeus, Idunn.
Propósitos mágicos: Amor, curación.

La madera del manzano puede trasmitir la energía del amor, produciendo una apertura del corazón para proyectar y así mismos recibir sentimientos armoniosos que traigan estabilidad emocional a la persona que tenga contacto con este. El manzano también es conocido por ser un árbol de gran sabiduría y la luz divina que trae el conocimiento, por tal razón su espíritu a través del sahúmo puede traer revelaciones espirituales ocultas produciendo seguridad a quien tiene contacto con él.

Roble (Quercus alba)

Género: Masculino.
Planeta: Sol.
Elemento: Fuego.
Deidades: Dagda, Diano, Júpiter, Thor, Zeus, Jano, Thea, Cibeles, Hécate, Pan.
Propósitos mágicos: Protección, salud, dinero, curaciones, potencia, fertilidad, suerte y longevidad.

El roble tiene la capacidad de vivir durante 200 años e incluso alcanzar los mil años y superar los 40 metros de altura, datos que evidencian su lucha constante y preservación frente a el tiempo. Su fuerte madera pardusca y escamosa puede resistir a la pudrición, la humedad y las bajas temperaturas por tanto puede trasmitirnos energéticamente longevidad, fuerza, valentía y resistencia, aspectos que podemos aplicar en el fortalecimiento del espíritu.

Palo santo (Bursera graveolens)

Género: Femenino
Planeta: Luna
Elemento: Agua
Propiedades mágicas: Espiritualidad, protección, salud, purificación, paz.

El Palo Santo tiene el poder de alejar las energías negativas y atraer las energías positivas, debido a sus propiedades de limpieza física y espiritual. Propicia la meditación ya que relaja la mente profundizando en los momentos espirituales de meditación y contemplación, trayendo a su vez sensación de paz, tranquilidad y conexión con lo divino.

Tratamiento: El tratamiento del aserrín es simple pero no por eso menos importante. Lo que debemos hacer es tomar un colador y tamizar, buscando sacar todo el aserrín grueso. Nos quedaremos solo con el polvo y la viruta pequeña, ya que para que un sahumerio luego pueda quemar bien necesitamos partes igual de ambos, porque si utilizamos solo polvo luego al encender el sahumerio no se prendera bien o no se mantendrá encendido, por otra parte si usamos solo viruta gruesa nuestro sahumerio se consumirá muy rápido. Por eso es importante buscar este punto medio que incluso con la practica lograras desarrollar tu punto justo ya que algunas maderas como el Palo Santo se comportan diferente incluso si utilizas solo polvo encenderá bien sin problemas. A mi ver las mejores maderas en cuanto a quemado son: Palo Santo, Roble, Sauce, Haya, Fresno, Pino, Eucalipto, Ciprés, Olmo, Acacia, Sauco, Álamo.

Cantidad: Para una tanda de sahumerios utilizaremos 1 **taza y media** = 280 a 300 **gr**.

Elemento: Como parte de esta alquimia y fundamental a tener en cuenta en los sahumerios que luego serán consagrados para prácticas mágicas. El aserrín al ser la madera, corresponde al elemento fuego dentro de nuestro preparado por lo cual es el portador de nuestra voluntad mágica. Para lo cual es importante que luego de tamizar el aserrín para tu sahumerio le susurres tu intención de despertar las propiedades del árbol utilizando el método que se presenta en el capítulo de consagración.

Capítulo II

Las Hierbas, Flores, Frutas y Polvos

Las Hierbas

Las hierbas que utilizaremos para nuestros sahumerios debe ser secada previamente, un buen método para hacerlos es atarlas y colgarlas boca abajo dejándolas en un lugar donde corra un poco de aire al menos pero que en lo posible no le dé el sol directo.

Elección: para nuestro sahumerio podemos utilizar más de una hierba, solo debemos tener en cuenta que los aromas sean compatibles y que ninguna hierba sea más fuerte que otras, ya que si utilizamos una hierba como la Ruda probablemente tape el aroma de casi cualquier otra hierba. Otro aspecto que debemos tener en cuenta si vamos a mezclar varias hierbas es que la cantidad total de hierba a utilizar no supere la proporción de aserrín ya que de no tenerlo en cuenta puede afectar al quemado del sahumerio. Es fundamental que tengamos en cuenta a la hora de nuestra elección de hierbas para Sahumerios Mágicos que cada planta posee propiedades esotéricas especiales que pueden adecuarse a nuestra intención para enfocar mejor el sentido mágico de nuestro sahumerio y a la vez generar el resultado deseado. A continuación se presenta una lista con las hierbas más utilizadas en sahumerios mágicos:

Tratamiento: Por lo general se las deja 6 o 7 días, pero se puede ir controlando todos los días para ver cómo va el secado y cuando ya estén secas vamos a molerlas y guardarlas en frascos etiquetados, ya que no necesariamente las debes utilizar en el momento, una vez secas puede guardarse en armarios lejos de la luz y de la humedad para que puedan preservarse.

Es importante aclarar que para Sahumerios siempre
utilizamos tanto hojas como flores pero no ramas ya que son
muy difíciles de llevar a polvo y estas suelen ser un problema
en el amasado de la mezcla y también en la forma de
quemado.

Cantidad: Siguiendo con la proporción de aserrín presentada
en el capitulo anterior, utilizaremos ¾ de **taza** = 140 a
150 **gr.**

Elemento: Como parte de esta alquimia y fundamental a
tener en cuenta en los sahumerios que luego serán
consagrados para prácticas mágicas. Las hierbas representan
el elemento Tierra, ya que ellas son la base de nuestros
sahumerios porque es su aroma el que buscamos que se
exprese a través del humo, el cual transporta la intención
mágica representada en cada hierba que utilizamos y a la vez
potenciada con la madera que elegimos. A la hora de utilizar
las hierbas en nuestros preparados es importante despertar a
cada utilizando el método que se presenta en el capítulo de
consagración.

Alcanfor (Cinnamomum camphora)

Género: Femenino.
Planeta: Luna.
Elemento: Agua.
Propósitos mágicos: Purificación, salud y adivinación.
El alcanfor es utilizado para purificar espacios físicos al igual que es ideal para ser utilizado como incienso purificador de malas energías. Se utiliza en los inciensos adivinatorios a la hora de realizar lecturas oraculares. Ideal para potenciar la salud o protegerse contra las enfermedades.

Anís (Pimpinella anisum)

Género: Masculino.
Planeta: Júpiter.
Elemento: Aire.
Propósitos mágicos: Protección, purificación, juventud.

El incienso del anís es ideal para inducir un sueño plácido, evitar las pesadillas. Se puede encender su incienso para producir protección, purificación, alejar los malos espíritus y desviar el mal de ojo. Ideal para potenciar la meditación ya que eleva las frecuencias espirituales.

Hierba buena (Mentha spicata)

Género: Masculino.
Planeta: Mercurio.
Elemento: Aire.
Deidades: Plutón y Hécate.
Propósitos mágicos: Dinero, deseo sexual, curación, viajes, exorcismo o y protección.

La hierba buena puede ser utilizada como incienso en el altar al realizar rituales ya que favorece en la invocación de espíritus, al igual que pedir su asistencia y ayuda en el propósito mágico que se está realizando. Las hojas de hierba buena pueden ser utilizadas en combinación con otras plantas asociadas a la curación, la sexualidad y el dinero ya que pueden potenciar estas energías. El aroma fresco de esta plantan producen protección en el espacio físico alejando la negatividad.

Cedrón (Aloysia citrodora)

Género: Masculino.
Planeta: Sol.
Elemento: Fuego.
Propósitos mágicos: Curación, purificación, dinero, protección y emociones.

El Cedrón es ideal para combinar con otras plantas asociadas curar y calmar estados de angustia, depresión o incluso ansiedad, puesto que su aroma permite fomentar estados de confort, tranquilidad y paz. Las hojas de este árbol purifican espacios físicos y a las personas que lo habitan mientras que a su vez les protege contra el mal de ojo. Es ideal en la mezcla de hierbas para atraer el dinero y el éxito financiero.

Pachulí (Pogostemon cablin)

Género: Femenino.
Planeta: Saturno.
Elemento: Tierra.
Propósitos mágicos: Dinero, fertilidad, deseo sexual
El incienso de pachulí por su aroma está asociado a la tierra, es ideal para acompañar nuestras prácticas mágicas, rituales o hechizos asociados al dinero, prosperidad. Puedes acompañarlo con velas verdes. El pachulí puede combinarse con otros aceites esenciales enfocados a despertar el deseo sexual.

Romero (Salvia rosmarinus)

Género: Masculino.
Planeta: Sol.
Elemento: Fuego.
Propósitos mágicos: Protección, amor, deseo sexual, poderes mentales, exorcismo, purificación, curación, sueño y juventud.
Puede agregarse las hojas del romero en el preparado de inciensos enfocados al exorcismo por sus propiedades purificadoras que alejan y destruyen la negatividad que esta cernida sobre una persona o espacio físico. Puede ser encendido su incienso antes de realizar algún ritual y durante o al finalizar una sección de limpias energéticas. Favorece en el fortalecimiento de los poderes mentales, concentración y aprendizaje.

Menta (Mentha)

Género: Masculino.
Planeta: Mercurio.
Elemento: Fuego.
Deidad: Plutón.
Propósitos mágicos: Purificación, sueño, psiquismo, curación y dinero

Se agregan las hojas de menta para atraer la energía de la curación y de purificación. Su aroma permite la elevación de las vibraciones facilitando la apertura del psiquismo en las prácticas mágicas y oraculares asociadas a este propósito.

Ruda (Ruta)

Género: Masculino.
Planeta: Marte.
Elemento: Fuego.

Deidades: Diana y Aradia.

Propósitos mágicos: Curación, salud, poderes mentales, exorcismos y amor

El incienso con las flores o las hojas de la ruda potencian rituales de ruptura hechizos y maldiciones. Encenderlo en casa produce limpieza y protección del espacio físico y de las personas que lo habitan alejando así la negatividad del exterior y el mal de ojo. Puede combinarse con otras plantas enfocadas a la salud ya que puede potenciar los poderes curativos, por lo cual se recomienda elevar su humo en la habitación de un enfermo para infundir en la fuerza para una pronta recuperación.

Salvia (Salvia)

Género: Masculino.
Planeta: Júpiter.
Elemento: Aire.
Poderes: longevidad, sabiduría, protección, purificación.

El aroma de la salvia favorece el despertar de la sabiduría, purificar el campo energético, los espacios físicos y producir protección contra las energías de baja vibración o malas energías. Puede ser mezclada tanto las hojas como las flores para crear inciensos para rituales o hechizos enfocados en duración de objetos, emociones y situaciones.

Tomillo (Thymus)

Género: Femenino.
Planeta: Venus.
Elemento: Agua.
Poderes: Salud, curación, sueño, poderes psíquicos, amor, purificación y valor
El tomillo puede ser combinado con otras hierbas asociadas para potenciar la buena salud, la curación e infundir valor. Es ideal encender inciensos que contengan esta hierba antes de realizar rituales para purificar el espacio físico, potenciar el propósito mágico que se quiere llevar acabo y despertar los poderes psíquicos necesarios para ese momento.

Verbena (Verbena officinalis)

Género: Femenino.
Planeta: Venus.
Elemento: Tierra.
Deidades: Kerridwen, Marte, Venus, Aradis, Isis, Júpiter, Thor y Juno.
Propósitos mágicos: Amor, protección, purificación, paz, sueños y curación.

Las flores de verbena son ideales para utilizar en inciensos de amor puesto que eleva las frecuencias produciendo apertura del corazón y fluidez de las emociones de forma armoniosa. Su humo es potente para proteger cuando se está realizando rituales de invocación, es útil para realizar limpias energéticas en espacios físicos puesto que tiene propiedades purificadoras.

Encender incienso antes de dormir puede inducir sueños más placenteros produciendo sensaciones de paz y tranquilidad.

Las Frutas

En el caso de utilizar frutas, siempre se utilizan las cascaras que poseen gran fuerza en aroma, pero se recomienda que sea poca cantidad ya que pueden afectar color del humo del sahumerio (pasando del color gris al negro).

Cantidad: lo recomendable es no utilizar más de 1 o 2 cucharadas ósea entre 5 gr y 20 gr y por lo general se lo usa en preparados que llevan otras hierbas.

Si deseamos hacer un sahumerio que sea de solo frutas lo más recomendable es que usemos aceites esenciales.

Tratamiento: Si bien usar la cascara seca de una fruta está bien y podremos utilizarla para nuestro sahumerio, les recomiendo que mejor tomen un rayador de metal y la fruta desea, rayen la cascara para sacar un producto más fino y luego dejen secar al menos 1 día. Este procedimiento les dará un resultado más manejable al pasar al amasado y disminuirá el riego de que queme con humo negro. Además pueden a subes tomar un mortero y colocar las frutas (rayadas y secas) para llevarlas a polvo, lo que les dará un mejor resultado aun en su producto final.

Elemento: Las frutas, como las hierbas, flores y resinas, pertenecen también al elemento tierra y por lo tanto, cuando se trata de sahumerios mágicos debemos aplicar el mismo tiramiento anteriormente mencionado y que se explica en el capítulo de consagración.

Elemento: Las frutas pueden darle una gran potencia aromática y mágica a nuestros sahumerios, a continuación les dejo una lista de las correspondencias de las principales frutas.

Bergamota (Citrus bergamia)

Género: Masculino
Planeta: Solar
Elemento: Fuego
Propósitos mágicos: Amor, protección, limpieza energética, éxito, seguridad, valor, poder y autoestima. La bergamota es una planta con propiedades mágicas enfocadas a la protección, ayudando en la purificación de los lugares, así como alejar las malas energías y las vibraciones de baja frecuencia. Las propiedades de este fruto se le asocia al plexo solar y su armonización puesto que trabaja a nivel energético en la autoestima, por tanto, el aroma de bergamota en incienso puede producir sensaciones de seguridad, valor y poder personal.

Limón (Citrus limón)

Género: Femenino.

Planeta: Luna.
Elemento: Agua.
Propósitos mágicos: Longevidad, purificación, amor y amistad.

El humo emanado de los inciensos con la presencia del limón, limpian cualquier objeto de vibraciones negativas al igual que los lugares. Fortalece los lazos de amistad y amor tanto de pareja como de familia. El limón ha sido usado en preparados para infundir la longevidad, es decir el hacer los objetos, situaciones y emociones más duraderas.

Naranja (Citrus sinesis)

Género: Masculino.
Planeta: Sol.
Elemento: Fuego.
Deidad: Oshun
Propósitos mágicos: Amor, adivinación, suerte y dinero

Las cascaras rayadas secas o el aceite esencial en los inciensos, elevan y fortalecen las frecuencias del amor y felicidad en la pareja. También puede combinarse sus propiedades junto a hierbas de abundancia para atraer el éxito y el dinero. Su aroma favorece al despertar adivinatorio en secciones de lecturas oraculares.

Manzana (Pyrus spp.)

Género: Femenino.
Planeta: Venus.
Elemento: Agua.
Deidades: Venus, Dionisos, Olwen, Apolo, Hera, Atenea, Afrodita, Diana, Zeus, Iduna.
Propósitos mágicos: Amor, curación, espiritualidad El incienso con presencia de este fruto atrae el amor armonioso y compatible energéticamente. Favorece a fortalecer las relaciones amorosas y puede ser usada como incienso en bodas o ceremonias de atado de manos para augurar felicidad en la pareja. Puede ser agregada en preparados para atraer y favorecer la salud.

El incienso con aceite esencial de manzana o cascaras secas rayada de manzana puede ser utilizado en rituales para elevar las frecuencias espirituales y potenciar la practica mágica. También es ideal para ser utilizada en ceremonias y rituales para conectar con los ancestros, puesto que la manzana es utilizada como alimento para los espíritus.

Mandarina / Mandarino (Citrus reticulata)

Género: Masculino
Planeta: Mercurio
Elemento: Fuego
Propósitos mágicos: Suerte, purificación, concentración, creatividad, conocimiento.
El aroma de la mandarina favorece a la concentración y la creatividad, ideal para momentos de estudio. El poner incienso de mandarina ayuda a mejorar el proceso de aprendizaje en cualquier área. El humo de la mandarina ayuda en la purificación de espacios, las cascaras secas de esta fruta combinada con otras plantas enfocadas a la suerte, pueden atraer estas vibraciones positivas a la persona que tenga contacto con ellas.

Las Flores

En el caso de las Flores si bien pertenecen a la sección de hierbas y comparten el mismo tratamiento, es importante aclarar algunos aspectos a tener en cuenta como la cantidad.

Si bien las Flores a utilizar en un sahumerio pueden parecer abultadas, cuando las llevamos a polvo siempre se achican mucho y cuando realizamos la mezcla se achican aun más por lo que acaba brindando menos aroma del que se esperaba en el preparado. Para no tener este inconveniente debemos colocar el doble de la cantidad mencionada anteriormente cuando se trata de flores.

Cantidad: Siguiendo con la proporción de aserrín presentada en el capitulo anterior, utilizaremos 1 de **taza y media** = 280 a 300 **gr**. (cuando es solo flores).

En esto último es importante que tengas en cuenta que si vas a utilizar hierbas y flores en un sahumerio, solo debes duplicar la cantidad de las flores. Eje: si pensabas crear un sahumerio de Rosas – Romero – Menta las proporciones deben ser:

Rosas **2/4 de taza** = 90 a 100 **gr**

Romero ¼ **de taza** = 45 a 50 **gr**

Menta ¼ **de taza** = 45 a 50 **gr**

Elección: Para la elección de las flores para tu sahumerio te dejo una lista de las más utilizadas en mezclas comunes y mágicas.

Caléndula (Caléndula officinalis)

Género: Masculino.
Planeta: Sol.
Elemento: Fuego.
Propósitos mágicos: Protección, sueños proféticos, asuntos legales y poderes psíquicos.

La caléndula al estar asociada a la energía del sol puede trasmitir protección a quien tiene contacto con ella, es una gran aliada para conferir fuerzas cuando se siente que no se tiene ninguna, así como valor para hacer frente a las situaciones conflictivas que se puedan presentar y de las cuales se sienta que no se puede salir.

Manzanilla (Antbemis nobilis)

Género: Masculino.
Planeta: Sol.
Elemento: Agua.
Poderes: Dinero, sueño, amor y purificación

El sahumerio con las flores de manzanilla puede favorecer al estado meditativo y a los sueños lucidos, puesto que es una hierba purificadora y protectora. El sahúmo de manzanilla en los espacios físicos, ahuyenta los hechizos y maldiciones.

Gardenia (Gardenia spp.)

Género: Femenino.
Planeta: Luna.
Elemento: Agua.
Propósitos mágicos: Amor, paz, curación y espiritualidad

Los pétalos secos de la gardenia son ideales para crear sahumerios curativos, puestos en la habitación de un enfermo o en los altares de curación facilitan el proceso de recuperación de la persona. También pueden ser usados en rituales para atraer buenos espíritus y energías de alta vibración.

Girasol (Heliantbus annuus)

Género: Masculino.
Planeta: Sol.
Elemento: Fuego.
Propósitos mágicos: Fertilidad, deseos, salud, sabiduría, éxito y abundancia.

Las flores del girasol trasmiten la energía dorada del sol trayendo consigo el éxito y la abundancia a la vida de quien tiene contacto con ella. Termite el florecimiento de proyectos, al igual que el fortalecimiento del espíritu a través de la fuerza y la voluntad que esta flor puede brindar a quien se acerca a ella con amor.

Jazmín (Jasminum officinale o J. odoratissimum)

Género: Femenino.
Planeta: Luna.
Elemento: Agua.
Deidad: Visnú.
Propósitos mágicos: Amor, dinero, sueños proféticos.

Las flores del jazmín pueden atraer el amor espiritual lo contrario del amor físico puesto que esta flor atrae solo que es armonioso y a fin energéticamente a cada persona. El sahumerio de esta flor puede provocar sueños proféticos e inducir al sueño.

Lirio (Litium spp.)

Género: Femenino.
Planeta: Luna.
Elemento: Agua.

Deidades: Venus, Juno, Nepthys y Kwan Yin.
Propósitos mágicos: Protección y ruptura de hechizos de amor.

El humo de la flor de lirio al tener propiedades protectoras puede mantener alejadas a las energías de bajas vibraciones, así como al mal. Protegiendo del mal de ojo y evitar personas indeseables que quieran hacer daños al espacio y a las personas quienes lo habitan.

Rosa (Rosa spp.)

Género: Femenino.
Planeta: Venus.
Elemento: Agua.
Deidades: Hathor, Huida, Eros, Cupido, Deméter, lsis, Adonis, Harpocrates y Aurora.
Propósitos mágicos: Amor, poderes psíquicos, curación, adivinación amorosa, suerte y protección

Los pétalos de la rosa se utilizan para atraer la energía del amor debido a su asociación con las emociones. El aroma del sahumerio de rosas puede atraer a las hadas.
También pueden atraer a la suerte y actuar como protector personal.

Ylang Ylang (Cananga odorata)

Género: Femenino
Planeta: Venus
Elemento: Agua
Propósitos mágicos: Amor, sueños, sexualidad

El aroma del aceite de Ylang Ylang en los sahumerios proporciona sanciones y estados positivos y de tranquilidad favoreciendo a los sueños, sobretodo en la noche. Despierta la sexualidad, ya que su efecto afrodisiaco estimula al deseo pasional. Puede ser utilizado para atraer la energía del amor.

}Lavanda (Lavandula)

Género: Femenino
Planeta: Venus
Elemento: Agua

Propósitos mágicos: Sueños lucidos, paz, espiritualidad, psiquismo e intuición.

La flor de lavanda es conocida por sus utilizaciones en los propósitos espirituales, puede producir una conexión espiritual más fuerte, un despertar de la intuición a través de su humo sagrado que al tener contacto con las vías respiratorias y así mismo con el sistema nervioso central, permite una apertura del plano intuitivo iluminado por la sabiduría de lo divino. Favorece a los estados meditativos, brinda sensaciones de paz, tranquilidad y puede transmitir estas sensaciones igualmente al espacio físico.

Violeta (Viola odorata)

Género: Femenino.
Planeta: Venus.
Elemento: Agua.
Deidad: Venus.
Propósitos mágicos: Protección, Suerte, amor, deseo sexual, deseos, paz y curación.

El sahumerio de Violeta ofrece protección contra la negativa o energías de baja vibración, su aroma es un potente estimulante amoroso y también afrodisiaco. También puede calmar el mal humor, como inducir el sueño.

Azahar

Género: Femenino.
Planeta: Luna
Elemento: Agua.
Propiedades mágicas: Amor, amistad, familia, protección y salud.

Las flores de azahar pueden producir estados de tranquilidad y paz dentro de un hogar, armonizando a las personas que la conforman. Produce protección y aleja a las personas indeseadas. Ayuda a reforzar energéticamente la salud potenciando el proceso de recuperación. Su aroma favorece al amor en pareja.

Los Polvos

En lo que respecta a polvos nos referimos a algunas resinas o hierbas que se suelen adquirir en polvos concentrados como los son el Sándalo, Incienso, Benjuí, Almizcle, Canela, Sangre de Dragón, Yagra, etc. Estos suelen ser los más utilizados en sahumerios, podemos utilizarlos tanto solos, como mezclados entre sí o con otras hierbas.

Cantidad: Al estar en polvo se vuelven concentrados muy fuertes por lo que se usa poca cantidad. Solo **2 cucharada** colmada = 80 a 90 **gr.** Es importante aclara que si vamos a utilizar distintos polvos debemos tener en cuenta que la cantidad total debe ser no superior a 2 cucharadas. Eje: si vamos a usar Sándalo y Sangre de Dragón, utilizaríamos solo 1 cucharada de cada uno.

Cuando mezclamos polvos y hierbas debemos tener en cuenta que la parte de polvo no debe ser superior a **1 cucharada** colmada = 40 a 45 **gr.** Ya la vez debemos bajar la medida de la cantidad de Hierbas a utilizar a 2/4 de taza. Eje: si vamos a prepara un sahumerio de Incienso – Romero – Salvia las cantidades serían:

Incienso: **1 cucharada** colmada = 40 a 45 **gr.**

Romero **¼ de taza** = 45 a 50 **gr.**

Salvia **¼ de taza** = 45 a 50 **gr.**

Elección: Los polvos son muy elegidos por su gran potencia aromática y por sus propiedades mágicas, a continuación les dejo una lista de los principales:

Benjuí (Styrax benzoin)

Género: Masculino.
Planeta: Sol.
Elemento: Aire.
Propósitos mágicos: Purificación, prosperidad.

El incienso de Benjuí puede proporcionar un estado de purificación en el entorno puesto que tiene el poder de elevar las vibraciones eliminando así toda energía de baja frecuencia que este interviniendo en la armonía del lugar, atrayendo igualmente la prosperidad y la abundancia deseada. Así mismo el benjuí puede provocar estado de tranquilidad emocional en las personas que tienen contacto con su aroma.

Canela (Cinnamomum verum)

Género: Masculino.
Planeta: Sol.
Elemento: fuego.
Deidades: Venus y Afrodita.
Propósitos mágicos: Espiritualidad, éxito, curación, poder, poderes psíquicos, amor, sexualidad y belleza.

El aroma del incienso de canela eleva las vibraciones espirituales, favorece a la curación tanto física como emocional, estimula el desarrollo de los poderes psíquicos y produce vibraciones protectoras tanto al espacio físico como a nivel energético de las personas. Sus notas picantes estimulan el deseo y la sexualidad en la pareja, puesto que crea un ambiente que energéticamente favorece a ello.

Sangre de dragón (Croton lechleri)

Género: Masculino.
Planeta: Marte.
Elemento: Fuego.

Propósitos mágicos: Amor, protección, exorcismo y potencia.

La sangre de dragón al estar asociada al planeta Marte, nos muestra su fuerte energía enfocada a la lucha, liderazgo, limpieza de las malas energías que impiden la armonía, la prosperidad, la paz y espiritualidad de un lugar o personas. El incienso creado con sangre de dragón favorece a potenciar prácticas mágicas, hechizos e incluso rituales.

Incienso (Plectranthus)

Género: Masculino
Planeta: Sol
Elemento: Fuego
Propósitos mágicos: Espiritualidad, limpieza, purificación, protección y exorcismo

El incienso al tener contacto con el elemento fuego, libera a través del humo poderosas vibraciones que, inducen a la inspiración y la liberación de sentimientos y estado de ánimos negativos. El incienso ha sido utilizado desde la antigüedad para realizar exorcismos, limpieza de espacios físicos. Provocando la protección y purificación. Es ideal para la consagración de espacios, altares y objetos.

Yagra

Género: Femenino
Planeta: Luna
Elemento: Tierra
Propósitos mágicos: Dinero, abundancia, prosperidad, limpieza y purificación.
El incienso con polvo de yagra es ideal para atraer la energía del dinero y el éxito, este polvo blanco tiene el poder de liberar de energías negativas, producir estados de purificación que permitan la fluidez de la abundancia donde se observaba un plano de resistencia frente al avance y la prosperidad. Ideal para ser usado en la apertura de la intuición y preparado de inciensos lunares.

Almizcle

Género: Femenino
Planeta: Venus
Elemento: Agua
Propósitos mágicos: Amor, sexualidad, armonía, protección.

El olor del almizcle favorece a las energías asociadas al placer sexual, la sensualidad y el deseo, disminuyendo la inhibición en la pareja. El incienso con la presencia de almizcle es ideal para rituales, hechizos y prácticas mágicas asociadas a la energía del amor y la protección del amor en pareja.

Sándalo (Santalum álbum)

Género: Femenino.
Planeta: Luna.
Elemento: Agua.

Propósitos mágicos: Protección, deseos, curación, exorcismo y espiritualidad.

El posee vibraciones espirituales, que permite la apertura del psiquismo, la intuición. Ideal para rituales lunares, en espacial en la fase de la luna llena. Su energía protectora puede limpiar los lugares de las energías negativas y a nivel espiritual produce un estado de reflexión que fomenta el auto conocimiento espiritual.

Capítulo III

Preparado liquido, amasado y secado

Mezclar en seco

Luego de que tenemos el aserrín listo y las hierbas a utilizar molidas, vamos a tomar un recipiente donde prepararemos la mezcla y colocaremos todos los ingredientes secos primero. Vamos a revolver para que se mezclen bien en seco antes de colocar la parte liquida. Esto se realiza para que al poner el liquido todo sea una mezcla homogénea, ya que de no hacerlo puede que al armar la maza algunos sahumerios queden con mas porcentaje de hierba que otros puede repercutir en el resultado, ya que algunos sahumerios tendrán el aroma más marcado que otros, además de que el quemado de algunos será más rápido que el de otros.

Parte Liquida – Aglutinante

Existen muchos aglutinantes y por supuesto en el mercado se encuentran algunos específicos para sahumerios pero por lo general no logramos saber que químicos específicamente poseen y es importante que sepamos exactamente que estamos utilizando, como también que nuestro sahumerio (mas si tendrá un uso mágico) sea lo más natural posible.

Teniendo en cuenta todo esto lo más recomendable es utilizar maicena (fécula de maíz) que alta temperatura (se vuelve un tanto viscosa) se convierte en un excelente aglutinante y a la vez no afecta en cuanto a aroma en nuestro sahumerio al quemar.

Cantidad: siguiendo las proporciones utilizadas anteriormente para la parte seca, a hacer un preparado de agua hirviendo y maicena. Las proporciones son:

Maicena: **1 cucharada** colmada y media = 60 a 70 **gr**

Agua a punto de Hervor: **1 taza** = 200 a 220 **ml**

Procedimiento: colocamos la cucharada y media de maicena en una taza. Luego a medida que revolvemos le vamos agregando el agua a punto de hervor y mezclamos hasta que la mezcla pase de un líquido blanco a un color blanco casi transparente y gelatinoso.

Aclaración: si la mezcla está caliente pero no se vuelve gelatinosa, un poco transparente y pegajosa; significa que le falta calor.

Una vez que tenemos nuestra mezcla de maicena activa la vertimos inmediatamente en nuestro preparado y revolvemos con una cuchara. Cuando vemos que ya no está caliente dejamos la cuchara y comenzamos a realizar el amasado a mano.

Elemento: Como parte de esta alquimia y fundamental a tener en cuenta en los sahumerios que luego serán consagrados para prácticas mágicas. La parte liquida representa al elemento agua, el cual está relacionado con el deseo, con el sentimiento que le transmitimos a nuestro preparado por lo cual siempre antes de verter el liquido en nuestro preparado le pondremos nuestro aliento transmitiendo nuestro sentir. En este aspecto lo desarrollaremos de forma más específica en el capítulo de consagración.

Darle forma a nuestros Sahumerios

Una vez que tenemos nuestra maza lista vamos a comenzar a dar forma a nuestros sahumerios y colocarlos en una bandeja cuya superficie este cubierta por plástico o un mantel que impida que se adhieran, ya que luego al secar si la superficie es madera o mármol por ejemplo, se suele pegar y corremos el riesgo romperlos al despegarlos.

La forma que le demos a nuestros sahumerios es nuestra elección, solo debes contemplar que la base lo sostenga de forma vertical y que posea un extremo fino para que sea fácil de encender. Por lo general se utiliza una forma cónica o piramidal que permiten un excelente quemado parejo.

Secado

Cuando ya tienes tus sahumerios terminados en tu bandeja, vamos a proceder a dejarlos secar. El lugar de secado es importante que sea seco, que reciban aire y en lo posible que reciban luz natural. En condiciones normales el tiempo de secado suele ser de 2 a 3 días. Pero en mi experiencia cuando me encontré en regiones que eran muy húmedas el tiempo era de 5 a 6 días y los secaba en el interior del hogar, sacándolos al exterior solo durante unas horas cuando el sol era más intenso. Por otra parte, cuando me encontré en regiones más ecuatoriales donde el sol es muy intenso, el secado se daba en 1 o 2 días. Como se puede ver, el clima y el momento del año pueden afectar el tiempo de secado, pero incluso si el clima es malo podemos secarlos en el interior del hogar si este fuera seco, sabiendo que el tiempo de secado será de 6 a 7 días y deberemos estar supervisando el proceso diariamente.

Capítulo IV

Los Aceites Esenciales y Tinturas Madre

Agregar esenciales

Luego de que tenemos nuestros sahumerios secos podemos agregarle mayor intensidad de aroma a través de aceites esenciales o tinturas madre.

Este pasó si bien no es del todo necesario porque con el proceso anterior ya está finalizado nuestro sahumerio, suele ser un paso que de hacerlo mejora el quemado y encendido de nuestro sahumerio, a la vez que aporta mayor aroma e incluso podemos utilizar esencias diferentes a las hierbas, flores y polvos utilizadas anteriormente.

Para agregar el aceite esencia a nuestros sahumerios utilizaremos como vehículo alcohol de 60° vol o 70°vol. Ya que buscamos que sea de fácil evaporación.

Si vamos a utilizar tinturas madres, estas deben ser puras (que no contengan agua). Si posees una que contenga más del 10% de agua no se recomienda utilizar porque puede afectar luego el quemado de nuestro sahumerio, esto se debe a que el agua dentro del sahumerio puede que no se evapore del todo si el sol durante este segundo secado no es intenso, por lo que puede que veamos el sahumerio seco y por dentro aun tenga algo de humedad.

Cantidad: En cuanto a las cantidades es importante aclarar que el sahumerio al ser madera absorbe muy fácilmente el alcohol por lo cual debemos ser rápidos en este paso, cuanto más demoremos en pasar cada sahumerio mas alcohol necesitaremos.

Para los aceites esenciales utilizaremos un recipiente chato y pequeño, donde colocaremos:
Alcohol: ½ **taza** = 100 a 110 **ml**
Aceite esencial: 6 gotas.

Como ven la cantidad de esencia que se utiliza es muy poco, por lo que si vamos a utilizar más de una esencia se recomienda que sea una proporción total de 5 o 6 gotas. Eje: si vamos a usar azahar y melisa, la proporción podría ser 3 gotas de azahar y 3 gotas de melisa.

Si vamos a utilizar una tintura madre concentrada:
Tintura: ½ **taza** = 100 a 110 **ml**
En el caso de desear utilizar distintas tinturas madre también tendremos en cuenta el mantener la proporción total. Eje: si deseamos utilizar tintura de azahar y de melisa, sería ¼ de **taza** = 50 a 60 **ml** azahar y de **taza** = 50 a 60 **ml** de melisa.

Procedimiento: vamos a tomar un recipiente pequeño y chato. En él vamos a poner el alcohol y las gotas de aceite esencial (o tintura madre). Vamos a mezclar un poco para que todo el alcohol se impregne del aroma.

Luego vamos a tomar uno a uno los sahumerios y vamos a sumergirlos en el alcohol solo por un instante, este paso debe ser rápido, solo nos demoramos 1 o 2 segundos por sahumerio. Este paso se hace tan rápido porque como se menciono anteriormente el sahumerio al ser hierbas absorbe gran cantidad de alcohol y el objetivo de este paso es introducir el esencial en todo el sahumerio de forma pareja para que al quemar siempre desprenda el mismo aroma en todo momento.

En este paso suele pasar que nos quedamos sin alcohol a la mitad del proceso, para lo cual vamos a volver a armar el preparado con las mismas proporciones y continuar embebiendo nuestros sahumerios.

Una vez terminados todos vamos a volverlos a dejar secando, en esta ocasión no es necesario que estén al sol, ya que este secado es más rápido suele demorar 1 día. Es importante aclarar en este punto que no buscamos preservar el alcohol, ya que este fue un vehículo para introducir de forma pareja e interna el aceite esencial.

Cuando sequen ya puedes comenzar a disfrutar de tus sahumerios artesanales o si son mágicos hacer la consagración que se menciona más adelante.

Aclaración: ¿Porque no introdujimos las esencias cuando hicimos el preparado líquido de la masa?

El preparado usado en la masa es acuoso y por ende no se mezcla bien el aceite esencial y eso nos dejaría con sahumerios con más esencia que otros.

Elección: Recuerda que los aceites esenciales no dejan de ser concentrados de plantas, resinas y flores, por lo cual poseen sus propiedades esotéricas. Es importante que tu elección se corresponda con las hierbas y madera elegidas para mantener la armonía y sentido. Para lo cual te recomiendo que acudas a las listas de hierbas, maderas, flores y polvos mencionadas anteriormente buscando los esenciales que elegiste y corroborando que sean acordes al propósito de tu sahumerio mágico.

Elemento: Como parte de esta alquimia y fundamental a tener en cuenta en los sahumerios que luego serán consagrados para prácticas mágicas. Las esencias y tinturas también pertenecen al elemento agua, por lo cual aplicaremos el mismo procedimiento con nuestro aliento que utilizamos para la parte liquida. Más adelante en el capítulo de consagración desarrollaremos en profundidad este aspecto.

Capítulo V

Resumen del proceso y consagración

El paso a paso

Este es un resumen de los pasos anteriormente mencionados para que tengas a manera de guía práctica a la hora de realizar tus sahumerios.

Paso 1: Colar el Aserrín y colocar 1 **taza y media** (280 a 300 **gr**) en el recipiente donde realizaremos la mezcla.

Paso 2: Moler las Hierbas lo mas que puedas y colocar ¾ de **taza** (140 a 150 **gr**.) en el recipiente de la mezcla.

Paso 3: Mezclar en seco el preparado.

Paso 4: Realizar un preparado de Maicena y Agua hirviendo.

Maicena: **1 cucharada** colmada y media = 60 a 70 **gr**

Agua a punto de Hervor: **1 taza** = 200 a 220 **ml**

Paso 5: introducir el preparado en la mezcla y revolver hasta logar una maza consistente.

Paso 6: Darle forma a los sahumerios e ir colocándolos en una bandeja de base plástica o no adherible.

Paso 7: Dejar secar al sol entre 3 o 4 días.

Paso 8: en un recipiente pequeño y chato, realizar un preparado de alcohol y esencias para embeber los sahumerios uno a uno.

Alcohol: ½ **taza** = 100 a 110 **ml**

Aceite esencial: 6 gotas.
Paso 9: Dejar secar 1 días al menos antes de utilizar o consagrar.

Consagración

Cuando realizamos Sahumerios Mágicos es fundamental consagrarlos para la función que se desea, pero desde que comenzamos el proceso de preparado vamos a estar cargando de energía a nuestro sahúmo.
Recordemos que al crear un sahumerio estamos realizando un proceso alquímico en el que cada ingrediente y cada paso tienen una carga mágica.
El **Paso 1** cuando elegimos el aserrín lo hacemos en base a la función del sahumerio y antes de colocarlo en el recipiente de la mezcla debemos despertar la madera, llamar al elemento fuego y transmitirle nuestra voluntad.
Para esto, tomando con ambas manos el recipiente con el aserrín vas a golpear suavemente 3 veces (esto se hace para que despierte) y vas a decir: "Madera de............ (Nombre del árbol) te pido que despiertes, despierta y hazte presente con todos tus dones y cualidades en este preparado"
Luego vas a hacer el símbolo del fuego en el aserrín con tu mano diestra para la magia, apuntando, con tu dedo índice y medio, diciendo: "Elementales del fuego, venga a ser parte de este preparado, háganse presente en este sahúmo a través de esta madera"

Por último, vas a acercarte y susurrarle tu voluntad, puedes decirle algo como: "Madera de..........(nombre) es mi intención que aportes.............. a este preparado y como representante del fuego transmitas mi voluntad de .... a este preparado".

En el **Paso 2** cuando ya hemos elegidos las hierbas de acuerdo a la función que le daremos a nuestro sahumerio y las tenemos molidas listas para colocar en nuestra mezcla. Antes de colocarlas vamos a despertar a las hierbas también como hicimos con el aserrín pero en este caso llamando al elemento tierra y vinculando nuestra intención en cada hierba.
Para esto, tomando el recipiente de cada una de las hierbaspor separado, vas a golpear suavemente 3 veces para que la hierba despierte y puedes decir: "Hierba sagrada
.... (nombre de la hierba) despierta, despierta trayendo tu magia, tus dones, tu esencia sagrada y bríndale tus cualidades a este preparado"
Luego para despertar el elemento, con tu mano diestra para la magia, apuntando, con tu dedo índice y medio, juntos grabaras en las hierbas el símbolo del elemento tierra diciendo: "Elementales de la Tierra, vengan a ser parte de este preparado, háganse presente en este sahumo a través de estas hierbas y potencien sus cualidades"

Por último solo nos resta susurrarle a la planta cual de sus cualidades necesitamos que se haga presente en nuestro preparado, diciendo: "………. (Nombre de la Hierba) hierba sagrada te pido que le otorgues……….(cualidad) a este preparado"

En el **Paso 4,** una vez que tienes tú preparado aglutinante en la taza listo para verter, vamos a llamar al elemento agua y estampar la emoción, el sentimiento a nuestro sahumerio. Para lo cual, con tu mano diestra para la magia, apuntando, con tu dedo índice y medio, juntos grabaras en la taza el símbolo del elemento agua, diciendo: "Elementales del agua vengan a ser parte de este preparado, háganse presentes a través de este liquido transmitiendo sus dones y cualidades"

Luego, teniendo presentes internamente el sentimiento que nos motivó a realizar este sahumerio vamos a estamparlo en el líquido a través de nuestro aliento. Nos acercamos la taza y suspiramos suavemente nuestro aliento en el líquido y luego lo vertemos en el preparado.

Tanto en el **paso 5** como en el **paso 6,** es importante que sea consientes de que estas amasando y dando forma a tu intención y propósito mágico, por lo que es algo que debes tener presente en todo momento. Además, si deseas puedes intencionar y transmitir esa intención a través de tus manos mientras amasas y moldeas tus sahúmos.

En el **paso 8**, si utilizas aceites esenciales o tinturas de alguna planta o árbol, es importante que también las despiertes haciendo el procedimiento anterior como ya mencionamos en el **paso 1 y 2.**

Una vez terminados los sahumerios mágicos debes realizar la consagración, la cual puedes hacerla de la misma forma que consagras un aceite mágico, sales u otros preparados. Utilizando tus herramientas mágicas habituales y trabajando con la deidad que conoces.

Pero si no sigues ninguna tradición mágica en particular y no estás familiarizado con la consagración, te comparto una forma de consagración con los 4 elementos y con la Madre Naturaleza.

1. Crea un altar ubicando los 4 elementos, uno en cada dirección de acuerdo a como se encuentran ubicados en tu tierra (es importante que a la hora de ubicarlos puedas reconocer donde sientes que se encuentra su presencia más latente, esto se aclara porque cada país de acuerdo a su geografía los ubica en un lugar diferente). En cada elemento puedes representarlo simplemente con una piedra o si posees algo representativo de cada uno puedes usarlo. Ej; Agua: Una copa con agua. Tierra: un cuenco con semillas o tierra. Fuego: una vela. Aire: una pluma.

2. En el centro puedes colocar una forma de representación de la madre naturaleza que tú sientas y dejar un espacio para colocar los sahumerios.

3. Lo primero que debes hacer es el llamado a cada uno de los elementos, pedirle asistencia para el trabajo mágico a realizar, esto debe hacerse con las palabras que nacen de tu corazón de forma autentica y espontanea.

4. Luego se llama y pide asistencia a la Madre Naturaleza, de la misma forma que a los elementos, con las palabras que te nacen de corazón, invitando a

que las fuerzas naturales se hagan presentes y te asistan en tu trabajo mágico.

5. Luego vas a tomar tu bandeja de sahumerios y vas a proceder a realizar la consagración. Primero deben pasar por el elemento fuego ya que fue el primero en el proceso de creación. Sosteniendo la bandeja en sima de este elemento puedes decir: "Elementales del fucgo, les pido que bendigan y fortalezcan la voluntad que a través del.......... (nombre de la madera usada) se encuentra impregnada en este sahumerio". Posteriormente mueves la bandeja de forma circular alrededor de este elemento, 3 veces en el sentido de las manecillas del reloj.

6. Luego te acercas al elemento tierra de la misma forma que con el fuego, diciendo "Elementales de la Tierra, les pido su bendición y que potencien las cualidades de......... (nombres de las hierbas)". Posteriormente mueves la bandeja de forma circular alrededor de este elemento, 3 veces en el sentido de las manecillas del reloj.

7. Siguiendo la alquimia que recorriste para crearlos, te acercas al elemento agua. Diciendo "Elementales del agua. Les pido su bendición y que alimenten el pedido expresado en el sentir de este preparado", luego con tus dedos, índice y medio juntos, mojas la punta de tus dedos 3 veces y esparces esas gotas sobre tus sahumerios.

8. Te acercas al Elemento aire diciendo, "Elementales del Aire, estos inciensos fueron creados de los otros 3 elemento para expresar la magia del aire, te pido sean bendecidos para............... (la función del

sahumerio)" luego tomaras la pluma y la pasaras 3 veces sobre la bandeja.

9. Colocas los sahumerios en el centro de tu altar y te diriges a la Madre Naturaleza, "Diosa Madre Naturaleza te pido que derrames tu bendición sobre estos sahumerios que hoy consagro, que les brindes tu energía a través de las maderas y plantas que los conforman para que cumplan su función de forma exitosa".

10. Por último, solo nos queda agradecer a cada elemento por su asistencia y agradecer a la Madre Naturaleza por sus bendiciones.

11. Los sahumerios los dejaremos una noche en el altar, hasta el día siguiente que podemos comenzar a utilizarlos.

Capítulo VI

Recetas

A continuación les voy a dejar una lista de distintas combinaciones que pueden utilizar con diferentes propósitos, es importante aclarar que no son las únicas combinaciones para dichos propósitos pero son las que en mi experiencia dieron mejores resultados.

Recetas para Terapeutas

Las primeras recetas que se presentan son para acompañar y potenciar las practicas holísticas, terapéuticas o espirituales que realices. De hecho si eres terapeuta o profesor de alguna disciplina, esta sección puede ser muy útil para generar sahumerios para tus prácticas.

Incienso practica de Yoga
1 cucharada de polvo de incienso (5 a 10 **gr.**)
1 cucharada de polvo de mirra (5 a 10 **gr.**)
1 cucharada de polvo de sándalo (5 a 10 **gr.**)
5 gotas de aceite esencial de pachuli

Estos inciensos se suelen encender al comenzar una práctica de yoga para generar un clima óptimo y ayudar a la concentración en cada Asana.

Incienso practica de relajación
1 parte de lavanda (45 a 50 **gr.**)
1 parte de eucalipto (45 a 50 **gr.**)
1 parte de jazmín (45 a 50 **gr.**)
3 gotas de aceite esencial de bergamota
Estos sahumerios son ideales para prácticas de relajación, pero también son muy buenos aromas para cuando finalizas una jornada laboral y deseas distenderte de las presiones y exigencias.

Incienso practica de meditación
1 parte de lavanda (45 a 50 **gr.**)
1 parte de menta (45 a 50 **gr.**)
1 cucharada de incienso (5 a 10 **gr.**)
1 cucharada de polvo de palo santo (5 a 10 **gr.**)
Esta combinación es ideal para prácticas de meditación, ayudando a entrar en estado de meditación más fácil y generando una apertura de la conciencia a través del aroma.

Incienso practica de artes marciales
1 parte de romero (45 a 50 **gr.**)
1 parte de pino (45 a 50 **gr.**)
1 parte de hierba buena (45 a 50 **gr.**)
1 cucharada de polvo de canela (5 a 10 **gr.**)
Esta combinación esotéricamente es muy buena para la apertura pulmonar, despertar la energía activa pero a la vez mantener un equilibrio espiritual.

Incienso sesiones de reiki
1 parte pétalos de Rosas (55 a 60 **gr.**)
1 cucharada de mirra en polvo (5 a 10 **gr.**)
1 cucharada de canela en polvo (5 a 10 **gr.**)
3 gotas de esencia de vainilla
3 gotas de aceite esencial de Ylang Ylang
Este preparado en particular es muy útil para los
Reikistas, se enciende minutos antes de comenzar una
sesión para que ayude al terapeuta en su concentración
previa y acompañe durante toda la sesión al paciente
para que despeje su mente y pueda lograr una mejor
relajación.

Incienso para sesiones de registros akashicos
1 parte de manzanilla (45 a 50 **gr.**)
1 cucharada en polvo de copal (5 a 10 **gr.**)
1 parte de polvo de palo santo (45 a 50 **gr.**)
5 gotas de aceite esencial de hierba buena
Esta combinación resulta un buen acompañamiento
para el terapeuta a la hora de abrir los registros,
ayudando a una mejor apertura y concentración en el
proceso.

Incienso para sesiones de masajes
1 parte de menta (45 a 50 **gr.**)
1 parte de lavanda (45 a 50 **gr.**)
1 parte de pino (45 a 50 **gr.**)
5 gotas de aceite esencial de naranja
Esta combinación busca la relajación en el paciente y
una sensación de bienestar en él. Es muy útil para
quemar durante las sesiones.

Recetas para clases de Danza

Las recetas que se comparten a continuación son para aquellas prácticas de danza holística o donde se busca generar un estado en particular a través de la Danza.

Incienso para despertar la conciencia emocional en la expresión corporal
1 parte sauce (45 a 50 **gr.**)
1 parte de pétalos de rosas (55 a 60 **gr.**)
1 parte de gardenia (55 a 60 **gr.**)
5 gotas de aceite esencial de azahar
Este sahumerio se lo enciende antes de las sesiones de danza para que la fuerza aromática y esotérica de estas plantas, ayuden a que las personas pueda romper los bloqueos y expresar mejor sus emociones a través del cuerpo.

Incienso para danza activa
1 parte de pétalos de caléndula (55 a 60 **gr.**)
1 parte de pétalos de girasol (55 a 60 **gr.**)
1 parte de Romero (40 a 45 **gr.**)
1 cucharada de canela en polvo (5 a 10 **gr.**)

Este sahumerio se utiliza en sesiones o prácticas de danza activa, donde se busca trabajar con la energía solar y aspectos fundamentales de la expresión a través de las prácticas corporales, y así mismo el despertar rítmico que genera sensaciones de libertad e identidad.

Incienso para danza lunar
1 parte de violeta (40 a 45 **gr.**)
1 parte de jazmín (40 a 45 **gr.**)
1 parte de lirio (40 a 45 **gr.**)
1 parte de sauce blanco (35 a 40 **gr.**)
Observación: en el preparado líquido puedes utilizar agua cargada con la luna llena para que tenga sus cualidades, en vez de agua del grifo.

Esta clase de sahumerios se utiliza para prácticas de danza ritual con la luna llena, como también cuando se busca danzar y conectar con la energía Femenina Sagrada.

Recetas para aliviar estados emocionales

Incienso para reducir el Stress
1 parte de Lavanda (40 a 45 **gr.**)
1 parte de pétalos de Jazmín (40 a 45 **gr.**)
1 parte de Pino (40 a 45 **gr.**)
5 gotas de aceite esencial de Bergamota

Incienso para combatir la depresión
1 parte de manzanilla (50 a 55 **gr.**)
1 parte de Salvia (50 a 55 **gr.**)
5 gotas de aceite esencial de Ylang Ylang
5 gotas de aceite esencial de Bergamota

Incienso para Insomnio
1 parte de Lavanda (40 a 45 **gr.**)
1 parte de Valeriana (40 a 45 **gr.**)
1 parte de Melisa (40 a 45 **gr.**)
5 gotas de aceite esencial de Pachuli

Recetas para el aprendizaje y las artes

Incienso para la concentración y el estudio
1 parte de Lavanda (50 a 55 **gr.**)
1 parte de Romero (50 a 55 **gr.**)
1 cucharada de Canela en polvo (5 a 10 **gr.**)
5 gotas de aceite esencial de Limón

Incienso para creatividad musical
1 parte de Sauce (50 a 55 **gr.**)
1 parte de pétalos de Rosas (50 a 55 **gr.**)
1 cucharada de Mirra en polvo (5 a 10 **gr.**)
5 gotas de aceite esencial de Azahar

Incienso para la creatividad artística
1 parte de Ajenjo (40 a 45 **gr.**)
1 parte de Verbena (40 a 45 **gr.**)
1 parte de Salvia (40 a 45 **gr.**)
5 gotas de aceite esencial de Ylang Ylang

Incienso para la creatividad en la escritura
1 parte de Pino (40 a 45 **gr.**)
1 parte de Cedrón (40 a 45 **gr.**)
1 cucharada de Palo Santo en polvo (5 a 10 **gr.**)
1 cucharada de Incienso en polvo (5 a 10 **gr.**)

5 gotas de aceite esencial de Benjuí

Recetas para cada signo Zodiacal

Estas recetas que se presentan a continuación pertenecen a Aurelia Cordero Romero Araus, colega y Bruja que sintió compartir sus recetas para ampliar el material brindado y que puedan sacar mayor provecho de este curso libro.
Cada uno de los signos, se utilizan en meditaciones y practicas principalmente de autoconocimiento, cuando se trabaja espiritualmente con las 12 casa, o cuando se desea meditar con la energía del signo de uno, el opuesto complementario o con alguno de ellos en particular.

Incienso para Aries
1 parte de Cedro (40 a 45 **gr.**)
1 cucharada de canela en polvo (5 a 10 **gr.**)
1 cucharada de pimienta dulce (5 a 10 **gr.**)
1 parte de enebro (40 a 45 **gr.**)
1 cucharada de sangre de dragón (5 a 10 **gr.**)

Incienso para Tauro
1 parte Tomillo (40 a 45 **gr.**)
1 parte de Rosas (40 a 45 **gr.**)
1 parte de Lirio (40 a 45 **gr.**)
1 cucharada de Almizcle (5 a 10 **gr.**)

Incienso para Géminis
1 parte de Laurel (40 a 45 **gr.**)
1 parte de Polvo de Palo Santo (40 a 45 **gr.**)
1 parte de menta (40 a 45 **gr.**)
5 gotas de aceite esencial de limón

Incienso para Cancer
1 parte de Jazmín (55 a 60 **gr.**)
1 parte de violeta (55 a 60 **gr.**)
1 cucharada de mirra en polvo (5 a 10 **gr.**)
5 gotas de aceite esencial de limón

Incienso para Leo
1 parte de Romero (40 a 45 **gr.**)
1 parte de laurel (40 a 45 **gr.**)
½ parte de Albahaca (20 a 25 **gr.**)
1 cucharada en polvo de Azafrán (5 a 10 **gr.**)
1 cucharada en polvo de canela (5 a 10 **gr.**)

Incienso para Virgo
1 parte de verbena (40 a 45 **gr.**)
1 parte de artemisa (40 a 45 **gr.**)
1 parte de helecho (40 a 45 **gr.**)
5 gotas de aceite esencial de menta

Incienso para Libra
1 parte de diente de león (40 a 45 **gr.**)
1 parte de rosas (40 a 45 **gr.**)
1 parte de flores de salvia (40 a 45 **gr.**)
1 cucharada de benjuí en polvo (5 a 10 **gr.**)

Incienso para Escorpio
1 parte de melisa (50 a 55 **gr.**)
1 parte de eucalipto (50 a 55 **gr.**)
1 cucharada en polvo de Sangre de Dragón (5 a 10 **gr.**)
1 cucharada de Sándalo (5 a 10 **gr.**)

Incienso para Sagitario
1 parte de salvia (50 a 55 **gr.**)
1 parte de pétalos de girasol (50 a 55 **gr.**)
1 cucharada en polvo de Canela (5 a 10 **gr.**)
1 cucharada en polvo de Clavo (5 a 10 **gr.**)
5 gotas de aceite esencial de naranja

Incienso para Capricornio
1 parte de Artemisa (40 a 45 **gr.**)
1 parte de Ciprés (40 a 45 **gr.**)
1 parte de Albahaca (40 a 45 **gr.**)
1 cucharada de Copal (5 a 10 **gr.**)
5 gotas de aceite esencial de Mandarina

Incienso para Acuario
1 parte de Lavanda (50 a 55 **gr.**)
1 parte de flores de Acacia (50 a 55 **gr.**)
1 cucharada de Benjuí (5 a 10 **gr.**)
5 gotas de aceite esencial de Bergamota

Incienso para Piscis
1 parte de Sauce (50 a 55 **gr.**)
1 parte de petaros de Violeta (50 a 55 **gr.**)
1 cucharada de Palos Santo en polvo (5 a 10 **gr.**)
1 cucharada de Mirra en polvo (5 a 10 **gr.**)
5 gotas de aceite esencial de Reina de la Noche

Sahumerios para Deidades

Las recetas que se presentan a continuación en la sección de Deidades fueron brindadas por Sebastián Hidalgo (Sacerdote y fundador del Templo de la Diosa Ecuador) quien lleva muchos años utilizando estos preparados y de forma muy gentil decidió compartirlos para nutrir aun más este material de recetas y que puedan sacar mayor provecho de este Curso-Libro.

Diosas

Las siguientes recetas pueden usarse como ofrendas devocionales a las Diosas mencionadas o en rituales para invocarlas. Se sugiere también utilizarlos en meditación con la Diosa mencionada. Para las Diosas que tienen un aspecto más luminoso y relacionado con la vida se aconseja prender los sahumerios durante el día o la luna llena, mientras que el trabajo con las Diosas que tienen una naturaleza relacionada con la noche, la muerte o la regeneración pueden quemarse en la noche y de preferencia en luna nueva. Las Diosas que están ligadas con aspectos de la vida como la agricultura pueden recibir honores en un huerto, por ejemplo, mientras que las Diosas de naturaleza más salvajes pueden honrarse en bosques.

Incienso de la Diosa Afrodita
1 parte de pétalos de Margarita (55 a 60 **gr.**)
1 cucharada de canela en polvo (5 a 10 **gr.**)
1 parte de pétalos de Rosa Rosada y Roja (55 a 60 **gr.**)
6 gotas de aceite esencial de lirio

Incienso de la Diosa Aradia
1 parte de Runda (55 a 60 **gr.**)
1 parte de Vervena (55 a 60 **gr.**)
5 gotas de aceite esencial de Runda

Incienso de la Diosa Artemisa
1 parte de ciprés (40 a 45 **gr.**)
1 parte de amaranto (40 a 45 **gr.**)
1 cucharada de corteza de sauce en polvo (5 a 10 **gr.**)
1 parte de Artemisa (40 a 45 **gr.**)

Incienso de la Diosa Astarte
1 parte de ciprés (55 a 60 **gr.**)
1 parte de hojas secas de Aliso en polvo (55 a 60 **gr.**)
6 gotas de aceite esencial de Enebro

Incienso de la Diosa Atenea
1 parte de hojas de olivo en polvo (55 a 60 **gr.**)
1 parte de cascaras de manzana (se las deja secar al sol primero y luego se las raya para reducirlas lo más posible) (55 a 60 **gr.**)
5 gotas de aceite esencial de Lavanda

Incienso de la Diosa Bast
1 parte de Hierba Gatera (55 a 60 **gr.**)
1 parte de Verbena (55 a 60 **gr.**)
3 pelos de gato
5 gotas de esencia de almizcle
Puedes remplazar las 5 gotas por 1 cucharada de almizcle en polvo. (5 a 10 **gr.**)

Incienso de la Diosa Belona
1 parte de tabaco (55 a 60 **gr.**)
1 parte de ciprés (55 a 60 **gr.**)
1 cucharada de polvo de jengibre (5 a 10 **gr.**)

Incienso de la Diosa Brigith
1 parte de hojas secas de Mora molidas (60 a 65 **gr.**)
1 cucharada de cenizas del fuego de Imbolc (5 a 10 **gr.**)
½ cucharada de miel (colocar en la mezcla en el momento de introducir la parte liquida). (3 a 6 **gr.**)
5 gotas de Leche (colocar en la mezcla en el momento de introducir la parte liquida).

Incienso de la Diosa Cailleach
1 parte de hiedra (55 a 60 **gr.**)
1 parte de Verbena (55 a 60 **gr.**)
1 pizca de Harina de Trigo (2 a 4 **gr.**)
5 gotas de aceite esencial de Menta

Incienso de la Diosa Ceres
1 parte de hojas de Sauce (30 a 35 **gr.**)
1 parte de Laurel (30 a 35 **gr.**)
1 parte de pepas disecadas y molidas (30 a 35 **gr.**)
1 parte de semillas de amapola (30 a 35 **gr.**)

Incienso de la Diosa Cibeles
1 parte de Roble (55 a 60 **gr.**)
1 cucharada de Mirra en polvo (5 a 10 **gr.**)
1 parte de Pino (55 a 60 **gr.**)

Incienso de la Diosa Deméter
1 parte amapola (55 a 60 **gr.**)
1 parte de pétalos de Rosa (55 a 60 **gr.**)

1 cucharada de Mirra en polvo (5 a 10 **gr**.)
1 cucharada de Poleo (5 a 10 **gr**.)

Incienso de la Diosa Diana
1 parte hojas de Sauce (30 a 35 **gr**.)
1 parte de Ajenjo (30 a 35 **gr**.)
1 parte de cascaras de manzana (se las deja secar al sol primero y luego se las raya para reducirlas lo más posible) (30 a 35 **gr**.)
1 parte de Ruda (30 a 35 **gr**.)

Incienso de la Diosa Freya
1 parte hojas de Frambuesa y frutos disecados (65 a 70 **gr**.)
1 cucharada de Mirra en polvo (5 a 10 **gr**.)
5 gotas de aceite esencial de Muérdago

Incienso de la Diosa Hahtor
1 parte de pétalos de Rosa Roja (55 a 60 **gr**.)
1 parte de Culantro (55 a 60 **gr**.)
5 gotas de aceite esencial de Jazmín

Incienso de la Diosa Hécate
1 parte Diente de León (40 a 45 **gr**.)
½ cucharada de Ajo en polvo (3 a 6 **gr**.)
1 parte de Menta (40 a 45 **gr**.)
1 parte de ciprés (40 a 45 **gr**.)

Incienso de la Diosa Hera
1 parte hojas de Sause (45 a 50 **gr**.)
1 parte de pétalos de Gardelia (45 a 50 **gr**.)
1 cucharada de Mirra en polvo (5 a 10 **gr**.)
5 gotas de aceite esencial de Lirio

Incienso de la Diosa Holda
1 parte de pétalos de Rosa (55 a 60 **gr.**)
1 parte de flores de Sauco (55 a 60 **gr.**)
4 gotas de aceite esencial de enebro

Incienso de la Diosa Isis
1 parte hojas de higo (40 a 45 **gr.**)
1 parte de pétalos de Rosa Roja (40 a 45 **gr.**)
1 parte de Verbena (40 a 45 **gr.**)
8 gotas de aceite esencial de Loto
Aclaración: las practicantes femeninas puede agregar 5 gotas de su sangre menstrual a la parte del preparado liquido.

Incienso de la Diosa Ishtar
1 pizca de Harina de Maíz (3 a 5**gr.**)
1 pizca de Harina de Trigo (3 a 5 **gr.**)
1 parte de hojas de Acacia (65 a 70 **gr.**)
6 gotas de aceite esencial de Enebro

Incienso de la Diosa Juno
1 cucharada de Azafrán en polvo (5 a 10 **gr.**)
1 parte de Verbena (55 a 60 **gr.**)
1 parte de Menta (55 a 60 **gr.**)
6 gotas de aceite esencial de Lirio

Incienso de la Diosa Kerridwen
½ parte de nueces molidas (20 a 55 **gr.**)
½ parte de Verbena (20 a 55 **gr.**)
½ parte de hojas de Mora (20 a 55 **gr.**)
½ parte de pino (20 a 55 **gr.**)
½ parte de ciprés (20 a 55 **gr.**)
½ parte de flores de Madreselva (20 a 55 **gr.**)

6 gotas de aceite esencial de Enebro

Incienso de la Diosa Minerva
1 parte hojas de Olivo (55 a 60 **gr.**)
1 parte de Cedro (55 a 60 **gr.**)
5 gotas de aceite esencial de Lavanda

Incienso de la Diosa Neftis
3 cucharadas de Mirra en polvo (**25** a 30 **gr.**)
10 gotas de aceite esencial de Azucena

Incienso de la Diosa Perséfone
1 parte de Perejil (40 a 45 **gr.**)
1 parte de hojas de Sauce (40 a 45 **gr.**)
1 parte de semillas de Granada secas y molidas (40 a
45 **gr.**)
3 gotas de aceite esencial de ciprés

Incienso de la Diosa Rea
1 parte de corteza de Roble molida (65 a 70 **gr.**)
2 cucharadas de Mirra en polvo (15 a 20 **gr.**)

Incienso de la Diosa Venus
½ parte de Clavel (20 a 55 **gr.**)
½ parte de pétalos de Rosa (20 a 55 **gr.**)
½ parte de Verbena (20 a 55 **gr.**)
½ parte de Flores de Membrillo (20 a 55 **gr.**)
½ parte de Menta (20 a 55 **gr.**)
½ cucharada de miel (agregar en la parte liquida de la
mezcla) (**3** a 5 **gr.**)
5 gotas de esencia de Rosas
3 gotas de aceite esencial de Gardenia

Incienso de la Diosa Vesta
1 parte de corteza de Roble en polvo (40 a 45 **gr.**)
1 parte de cenizas de un Fuego Sagrado (40 a 45 **gr.**)
1 parte de Menta (40 a 45 **gr.**)

Dioses

Las siguientes recetas pueden ser utilizadas en rituales para invocar la presencia de estos dioses y también como ofrendas devocionales. Se sugiere también utilizarlos en meditación con el Dios mencionado. Para los Dioses que tienen un aspecto más luminoso y relacionado con la vida se aconseja prender los sahumerios durante el día o durante fiestas solares importantes como solsticios y equinoccios, mientras que el trabajo con las Dioses que tienen una naturaleza relacionada con la muerte o la regeneración pueden quemarse en la noche y de preferencia en luna nueva. Los Dioses de naturaleza más salvaje pueden ser honrados en la naturaleza al aire libre.

Incienso del Dios Adonis
1 parte de Hinojo (65 a 70 **gr.**)
1 Cucharada de Mirra en polvo (5 a 10 **gr.**)
1 pizca de Harina de Maíz (3 a 5 **gr.**)
5 gotas de aceite esencial de Anís

Incienso del Dios Apolo
1 parte flores de Heliotropo (40 a 45 **gr.**)
1 parte de Hojas secas trituradas de Laurel (40 a 45 **gr.**)
1 parte de Cuprés (40 a 45 **gr.**)

5 gotas de aceite esencial de Jacinto

Incienso del Dios Ares
1 parte Rúcula seca molida (50 a 55 **gr.**)
1 parte de Tabaco (50 a 55 **gr.**)
1 pizca de Pimienta Roja (3 a 5 **gr.**)
De preferencia quemar al aire libre este sahumerio.

Incienso del Dios Atis
1 parte de Pino (40 a 45 **gr.**)
1 parte de Ciprés (40 a 45 **gr.**)
½ cucharada de Harina de Almendras (3 a 5 **gr.**)

Incienso del Dios Baco
1 parte semillas de Uva trituradas (50 a 55 **gr.**)
1 parte de hojas de Higo (50 a 55 **gr.**)
10 gotas de Vino

Incienso del Dios Baldur
1 parte pétalos de Margarita (50 a 55 **gr.**)
1 parte de Hierba de San Juan o Hipérico (50 a 55 **gr.**)
10 gotas de aceite esencial de Lavanda

Incienso del Dios Bran
1 parte hojas de Aliso secas molidas (65 a 70 **gr.**)
1 pizca de Harina de Trigo (3 a 5 **gr.**)
1 pizca de Harina de Maíz (3 a 5 **gr.**)
½ cucharada de Cebada (3 a 5 **gr.**)

Incienso del Dios Cupido/Eros
1 parte pétalos de Rosa Roja y Blanca (40 a 45 **gr.**)
1 parte pétalos de Clavel Rosa (40 a 45 **gr.**)
1 parte de Ciprés (40 a 45 **gr.**)

½ cucharada de azúcar (3 a 5 **gr.**)
½ cucharada de Salvia (3 a 5 **gr.**)
Durante el preparado puedes cargarlo con oraciones al
Dios del Amor.

Incienso del Dios Dianus
1 parte hijas de Higo (30 a 35 **gr.**)
1 parte de Hinojo (30 a 35 **gr.**)
1 parte de Eneldo (30 a 35 **gr.**)
6 Gotas de aceite esencial de Pino

Incienso del Dios Dionisio
1 parte semillas de Uva trituradas (30 a 35 **gr.**)
1 parte de Pino (30 a 35 **gr.**)
1 parte de semillas de Granada trituradas (30 a 35 **gr.**)
½ parte de cascaras de Manzana secas y trituradas (15 a
20 **gr.**)
10 gotas de Vino

Incienso del Dios Dis/Hades
1 parte Ciprés (60 a 65 **gr.**)
10 gotas de aceite esencial de Enebro

Incienso del Dios Esculapio
1 parte de Laurel (40 a 45 **gr.**)
½ parte de semillas de Mostaza molidas (**20** a 25 **gr.**)
1 parte de flores de Siempreviva (**40** a 45 **gr.**)

Incienso del Dios Hipnos
1 parte de flores de Manzanilla (30 a 35 **gr.**)
1 parte de Ajenjo (30 a 35 **gr.**)
1 parte de semillas de amapola (para pedirle guía en los
sueños) (30 a 35 **gr.**)
10 gotas de aceite esencial de Valeriana

Incienso del Dios Horus

1 parte de Mirra en polvo (50 a 55 **gr.**)
1 parte de Incienso en polvo (50 a 55 **gr.**)
½ cucharada de Benjuí en polvo (3 a 5 **gr.**)
5 gotas de aceite esencial de Loto
1 pizca de aceite de Aguacate (Palta) (3 a 5 **gr.**)

Incienso del Dios Júpiter/Zeus

1 parte de Roble (50 a 55 **gr.**)
1 parte de flores de Salvia Real (50 a 55 **gr.**)
½ cucharada de hojas de Olivo molidas (3 a 5 **gr.**)
1 cucharada de resina de Incienso en polvo (**5** a 10 **gr.**)

Incienso del Dios Cernunnos

1 parte de flores de Heliotropo (30 a 35 **gr.**)
1 parte pino (30 a 35 **gr.**)
1 parte de flores de Girasol (30 a 35 **gr.**)
1 cucharada de cascara de naranja secas y molidas (5 a 10 **gr.**)
1 pizca de tierra de un bosque (3 a 5 **gr.**)
1 cucharada de almizcle (5 a 10 **gr.**)
  o 10 gotas de su aceite esencial

Incienso del Dios Mercurio / Hermes

1 parte de hojas de Sauce (50 a 55 **gr.**)
1 cucharada de Canela en polvo (50 a 55 **gr.**)
½ cucharada de Harina de Almendras (3 a 5 **gr.**)

Incienso del Dios Mitra

1 parte de Ciprés (60 a 65 **gr.**)

10 gotas de aceite esencial de Violeta

Incienso del Dios Neptuno / Poseidón
1 parte de hojas de Fresno (60 a 65 **gr.**)
1 pizca de Sal Marina (3 a 5 **gr.**)
½ cucharada de polvo de Conchas (3 a 5 **gr.**)

Incienso del Dios Odín
1 parte de hojas de Olmo (60 a 65 **gr.**)
1 parte de Fresno o Ciprés (60 a 65 **gr.**)
10 gotas de aceite esencial de Muérdago

Incienso del Dios Osiris
1 parte de hojas de Acacia (30 a 35 **gr.**)
1 parte de pasas secas molidas (30 a 35 **gr.**)
1 parte de Cedro (30 a 35 **gr.**)
1 parte de hojas de Hiedra (30 a 35 **gr.**)

Incienso del Dios Pan
1 parte de Pino (30 a 35 **gr.**)
1 parte de hojas de Helecho (30 a 35 **gr.**)
1 parte de flores de Pradera (30 a 35 **gr.**)
10 gotas de aceite esencial de Ruda

Incienso del Dios Plutón
1 parte de Menta (60 a 65 **gr.**)
1 parte de Ciprés (60 a 65 **gr.**)

Incienso del Dios Prometeo
1 parte de Hinojo (40 a 45 **gr.**)
1 parte de Laurel (40 a 45 **gr.**)
1 parte de pétalos de Caléndula (40 a 45 **gr.**)

Incienso del Dios Ra

1 parte de hojas secas de Acacia (30 a 35 **gr.**)
1 parte de Olibano (30 a 35 **gr.**)
1 cucharada de Mirra en polvo (5 a 10 **gr.**)
1 parte de Olivo (30 a 35 **gr.**)

Incienso del Dios Saturno

1 parte de hojas de Higo secas (60 a 65 **gr.**)
1 parte de hojas de Zarzamora (60 a 65 **gr.**)
5 gotas de aceite esencial de Enebro

Incienso del Dios Sivano

1 parte de Pino (60 a 65 **gr.**)
1 parte de Menta (60 a 65 **gr.**)
5 gotas de aceite esencial de Menta

Incienso del Dios Tammuz

1 parte de Hierbabuena (40 a 45 **gr.**)
1 parte de flores de Albahaca (40 a 45 **gr.**)
1 pizca de Harina de Trigo (3 a 5 **gr.**)
1 pizca de Harina de Cebada (3 a 5 **gr.**)
1 pizca de Harina de Maíz (3 a 5 **gr.**)

Incienso del Dios Thor

1 parte de corteza de un árbol al que le haya caído un rayo (60 a 65 **gr.**)
1 parte de cardo pulverizado (60 a 65 **gr.**)
1 cucharada de canela en polvo (**5 a 10 gr.**)
1 cucharada de jengibre en polvo (5 a 10 **gr.**)
(Si puedes utilizar aserrín de Roble mejor o aserrín de la madera del árbol al que le haya caído un rayo).

Incienso del Dios Toth
1 parte de Laure (60 a 65 **gr.**)
2 curadas de Mirra en polvo (15 a 20 **gr.**)
10 gotas de aceite esencial de Almendras

Sahumerios de la

Rueda del año

Estos sahumerios pueden quemarse durante los festivales estacionales del ciclo natural. Cada uno nos ayuda a sintonizar con su aroma a la vibración de ese momento particular del año. Se preparan y se utilizan durante los ritos de esa temporada con diversos propósitos: Honrar a los espíritus de la naturaleza que están más activos durante esa época, en honor de las divinidades de la temporada, para cargar objetos mágicos pasándolos por el humo del incienso.
Se los puede quemar tanto dentro del espacio sagrado como en ritos al aire libre.

Sahumerio de Imbolc
3 cucharadas de Olíbano en polvo (**20** a 25 **gr.**)
2 cucharadas de Sangre de Dragón en polvo (**15** a 20 **gr.**)

5 gotas de aceite esencial de sándalo
1 cucharada de canela en polvo (**5** a **10 gr.**)
9 gotas de vino tinto (se las agrega al preparado líquido aglutinante)

Sahumerio de Ostrara
2 cucharadas de Olíbano en polvo (**15** a **20 gr.**)
1 cucharada de Benjuí en polvo (**5** a **10 gr.**)
1 cucharada de Sangre de Dragón en polvo (**5** a **10 gr.**)
½ cucharadita de Nuez Moscada (**3** a **5 gr.**)
½ parte de flores de Violeta (**35** a **40 gr.**)
1 cucharada de cascara de Naranja rallada (**5** a **10 gr.**)
½ parte de pétalos de Rosa (**35** a **40 gr.**)

Sahumerio de Litha
1 partes de Laurel (**65** a **70 gr.**)
1 pizca de las cenizas del fuego de Solsticio de verano (**3** a **5 gr.**)
1 pizca de Azafrán (**3** a **5 gr.**)
2 cucharadas de Mirra en polvo (**15** a **20 gr.**)
4 gotas de aceite esencial de Clavel
5 gotas de aceite esencial de Sándalo

Sahumerio de Beltane
3 cucharadas de Olíbano en polvo (**25** a **30 gr.**)
5 gotas de aceite esencial de sándalo
1 parte de pétalos de rosa (**65** a **70 gr.**)
6 gotas de aceite esencial de Jazmín
4 gotas de aceite esencial de Neroli

Sahumerio de Lammas
2 cucharadas de Olíbano en polvo (**15** a **20 gr.**)
1 parte de flores de Brezo (**35** a **40 gr.**)

1 parte de flor de Manzano (**35** a 40 **gr**.)
1 pizca de hojas de Zarzamora (**35** a 40 **gr**.)
5 gotas de aceite esencial de Ámbar gris

Sahumerio de Mabon

2 cucharadas de Olíbano en polvo (**15** a 20 **gr**.)
1 cucharada de Sándalo en polvo (**5** a 10 **gr**.)
1 parte de Ciprés (**35** a 40 **gr**.)
1 parte de Enebro (**35** a 40 **gr**.)
1 parte de Pino (**35** a 40 **gr**.)
1 pizca de hojas de Roble pulverizadas (**3** a 5 **gr**.)

Sahumerio de Samhain

2 partes de Ciprés (**55** a 60 **gr**.)
½ cucharada de hierba Mora (**3** a 5 **gr**.)
1 parte de Ajenjo (**30** a 35 **gr**.)
1 parte de Verbena (**30** a 35 **gr**.)
9 gotas de aceite esencial de Enebro

Sahumerio de Yule

2 cucharadas de Olíbano en polvo (**15** a 20 **gr**.)
2 partes de agujas de Pino (**65** a 70 **gr**.)
1 parte de Cedro (**30** a 35 **gr**.)
1 parte de frutos secos deshidratados y cortados
finamente (arándanos, pasas, dátiles) (**30** a 35 **gr**.)

Sahumerios para los Días de la semana y Planetas

Estos preparados corresponden a los Días de la semana y su correspondencia planetaria. Se los utiliza para acompañar las prácticas mágicas, de meditación o de proyección de energía con determinados planetas que Esotéricamente rigen un determinado día de la semana.

Incienso del día Lunes / Luna
1 parte de Sauce (40 a 45 **gr.**)
1 parte de Melisa (40 a 45 **gr.**)
1 cucharada de Sándalo en polvo (5 a 10 **gr.**)
1 cucharada de Mirra en polvo (5 a 10 **gr.**)
5 gotas de aceite esencial de Jazmín
Este sahumerio se lo utiliza para acompañar los trabajos lunares correspondientes al día lunes. Las prácticas que se pueden realizar con la luna son: sanación emocional, desarrollo de la intuición, adivinación, clarividencia, psiquismo, fertilidad femenina, percepción, trabajo con los sueños.

Incienso del día Martes / Marte
1 parte de Menta (40 a 45 **gr.**)
1 parte de Albahaca (40 a 45 **gr.**)
1 cucharada de Sangre de Dragón en polvo (5 a 10 **gr.**)
1 cucharada de Pimienta Roja (5 a 10 **gr.**)

5 gotas de aceite esencial de Pino
Este sahumerio se lo utiliza para acompañar los trabajos con el planeta Marte correspondientes al día martes. Las prácticas que se pueden realizar con Marte son: crecimiento del Coraje, Fomentar el Liderazgo, desarrollar Fuerza, Iniciación, Protección, Trabajar el arquetipo del guerrero/a, ruptura de hechizos.

Incienso del día Miércoles / Mercurio
1 parte de Álamo (40 a 45 **gr.**)
1 parte de Cedrón (40 a 45 **gr.**)
1 cucharada de hojas de tomillo en polvo (5 a 10 **gr.**)
1 cucharada de hojas de Menta en polvo (5 a 10 **gr.**)
5 gotas de aceite esencial de Hierbabuena
Este sahumerio se lo utiliza para acompañar los trabajos con el planeta Mercurio correspondientes al día miércoles. Las prácticas que se pueden realizar con Mercurio son: facultades mentales, adivinación, poderes psíquicos, expansión de sabiduría, desarrollo de creatividad, comunicación, educación, viajes.

Incienso del día Jueves / Júpiter
1 parte de Albahaca (40 a 45 **gr.**)
1 parte de Diente de Leon (40 a 45 **gr.**)
1 cucharada de salvia en polvo (5 a 10 **gr.**)
1 cucharada de clavo molido (5 a 10 **gr.**)
5 gotas de aceite esencial de Anís
Este sahumerio se lo utiliza para acompañar los trabajos con el planeta Júpiter correspondientes al día jueves. Las prácticas que se pueden realizar con Júpiter son: Crecimiento en el área deseada, curación, cosecha, liderazgo, asuntos legales, fertilidad masculina, dinero, trabajo, prosperidad.

Incienso del día Viernes / Venus

1 parte de pétalos de Rosa
1 parte de Artemisa
1 cucharada de Verbena en polvo
1 cucharada de hojas de Sauco en polvo
5 gotas de aceite esencial de Reina de la Noche
Este sahumerio se lo utiliza para acompañar los trabajos con el planeta Venus correspondientes al día viernes. Las prácticas que se pueden realizar con Venus son: Armonía, amor, amistad, familia, matrimonio, belleza, placer, relaciones, romance, sexualidad, actividades sociales, transformación y artes.

Incienso del día Sábado / Saturno

1 parte de Hiedra (45 a 50 **gr.**)
1 parte de Ciprés (45 a 50 **gr.**)
1 cucharada de Copal en polvo (5 a 10 **gr.**)
1 cucharada de Palo Santo en polvo (5 a 10 **gr.**)
5 gotas de aceite esencial de Incienso
Este sahumerio se lo utiliza para acompañar los trabajos con el planeta Saturno correspondientes al día sábado. Las prácticas que se pueden realizar con Saturno son: Desenlace, exorcismo, longevidad, visiones, conocimiento de vidas pasadas, limpieza energética, cuidado de los ancianos.

Incienso del día Domingo / Sol

1 parte de Romero (45 a 50 **gr.**)
1 parte de pétalos de Girasol (45 a 50 **gr.**)
1 cucharada de sándalo en polvo (5 a 10 **gr.**)
1 cuchara de aceite esencial de naranja

Este sahumerio se lo utiliza para acompañar los trabajos con el Sol correspondientes al día domingo. Las prácticas que se pueden realizar con Sol son: rituales con el Dios, energía solar, conexión espiritual, logros personales, éxito, victoria, curación, protección.

Sahumerios para los Chakras

Estos preparados se utilizan para acompañar el trabajo de armonización de cada Chakra.

Incienso para el Chakra Muladhara (1er Chakra)
1 parte de Pino (35 a 40 **gr.**)
1 parte de Cedro (35 a 40 **gr.**)
1 cucharada de Canela en polvo (5 a 10 **gr.**)
1 cucharada de Mirra en polvo (5 a 10 **gr.**)
1 cucharada de Jengibre en polvo (5 a 10 **gr.**)
5 gotas de aceite esencial de Pachuli
Este chakra representa la unión del hombre con la madre tierra y con el mundo material y físico. Está vinculado con nuestra existencia terrena y con nuestra supervivencia.

Aclaración: El agua que se utiliza para la confección del aglutinante de la mezcla puede ser previamente cargada con Jaspe Rojo o Granate. Para lo cual se recomienda en un recipiente colocar la gema o el cristal, dejándolos al menos 1 día. También puedes meditar, cuando lo sientas, colocando las manos sobre el recipiente y de forma interna transmitirle tus rezos.

Incienso para el Chakra Svadhistana (2do Chakra)
1 parte de pétalos de Caléndula (45 a 50 **gr.**)
1 cucharada de Azafrán en polvo (5 a 10 **gr.**)
1 cucharada de Sándalo en polvo (5 a 10 **gr.**)
1 cucharada de Cilantro en polvo (5 a 10 **gr.**)
1 cucharada de semillas de Ajonjoli en polvo (5 a 10 **gr.**)
5 gotitas de aceite esencial de Ylang Ylang
Es el chakra que concentra las cualidades que tienen que ver con la sexualidad, la curiosidad, la búsqueda creativa del placer material, el gusto por las cosas bellas, por el arte, por las emociones y, obviamente, las relaciones con otros individuos. Por ejemplo: el amor sexual, la apertura hacia cosas nuevas, las relaciones afectivas, amorosas y sexuales. Rige sobre los ovarios, próstata, testículos.
Aclaración: El agua que se utiliza para la confección del aglutinante de la mezcla puede ser previamente cargada con Cornalina. Para lo cual se recomienda en un recipiente colocar la gema o el cristal, dejándolos al menos 1 día. También puedes meditar, cuando lo sientas, colocando las manos sobre el recipiente y de forma interna transmitirle tus rezos.

Incienso para el Chakra Manipura (3er Chakra)
1 parte de Romero (35 a 40 **gr.**)
1 parte de Melisa (35 a 40 **gr.**)
1 parte de flores de Lavanda (35 a 40 **gr.**)
1 cucharada de menta (5 a 10 **gr.**)
5 gotas de aceite esencial de Bergamota
Este chakra controla el estómago, la musculatura
abdominal, el hígado, la vesícula, el bazo y el páncreas,
las secreciones gástricas desordenadas y las
disfunciones de las glándulas salivares. Representa la
personalidad, y en él están concentradas las cualidades
de la mente racional y personal, de la vitalidad, de la
voluntad de saber y aprender, de la acción de poder,
del deseo de vivir, de comunicar y participar.
Aclaración: El agua que se utiliza para la confección del
aglutinante de la mezcla puede ser previamente
cargada con Citrino u Ojo de Tigre. Para lo cual se
recomienda en un recipiente colocar la gema o el cristal,
dejándolos al menos 1 día. También puedes meditar,
cuando lo sientas, colocando las manos sobre el
recipiente y de forma interna transmitirle tus rezos.

Incienso para el Chakra Anahata (4to Chakra)
1 parte de Salvia (35 a 40 **gr.**)
1 parte de pétalos de Rosa (35 a 40 **gr.**)
1 parte de Verbena (35 a 40 **gr.**)
1 cucharada de Artemisa (5 a 10 **gr.**)
5 gotas de aceite esencial de Jazmín

Cuando este Chakra está activo, nos relacionamos con todo y con todos, aceptando tanto los aspectos positivos como los negativos, y siendo capaces de dar amor sin esperar nada a cambio. Es el chakra situado en el medio; un puente de transferencia de energía entre los chakras inferiores y superiores. Es el chakra por el que pasa toda la energía que deseamos entregar a los demás. Únicamente si está abierto y vitalizado, podremos brindar energía de curación (Reiki). **Aclaración:** El agua que se utiliza para la confección del aglutinante de la mezcla puede ser previamente cargada con Cuarzo Rosa o Cuarzo Verde. Para lo cual se recomienda en un recipiente colocar la gema o el cristal, dejándolos al menos 1 día. También puedes meditar, cuando lo sientas, colocando las manos sobre el recipiente y de forma interna transmitirle tus rezos.

Incienso para el Chakra Vishuddha (5to Chakra)
1 parte de Eucalipto (35 a 40 **gr.**)
1 parte de Menta (35 a 40 **gr.**)
1 parte de Alcanfor (35 a 40 **gr.**)
1 pizca de sal (3 a 5 **gr.**)
5 gotas de aceite esencial de limón
El chakra laríngeo es el chakra de la comunicación, de la creatividad, del sonido y de la vibración, de la capacidad de recibir y asimilar, y se relaciona con los sentidos del paladar, audición y olfato, y es el umbral de la alta conciencia y de la purificación, y es por medio del trabajo de este chakra como podemos iniciar el camino espiritual; en consecuencia, como nos ponemos en comunicación con nuestra esencia superior. A través del quinto chakra recibimos en primer lugar la facultad de la auto reflexión.

Aclaración: El agua que se utiliza para la confección del aglutinante de la mezcla puede ser previamente cargada con Aguamarina. Para lo cual se recomienda en un recipiente colocar la gema o el cristal, dejándolos al menos 1 día. También puedes meditar, cuando lo sientas, colocando las manos sobre el recipiente y de forma interna transmitirle tus rezos.

Incienso para el Chakra Ajna (6to Chakra)
1 parte de Enebro (35 a 40 **gr.**)
1 parte de Romero (35 a 40 **gr.**)
1 parte de Artemisa (35 a 40 **gr.**)
1 cucharada en polvo de Mirra (5 a 10 **gr.**)
5 gotas de aceite esencial de Lavanda
La mayoría de los pensamientos que determinan nuestra vida son controlados por nuestros patrones emocionales no liberados, y programados por juicios y prejuicios tanto propios como ajenos. De esta forma, con frecuencia nuestro espíritu no es quien domina, sino el servidor de nuestros pensamientos cargados de emociones, que pueden dominarnos parcialmente.

Aclaración: El agua que se utiliza para la confección del aglutinante de la mezcla puede ser previamente cargada con Lapislázuli. Para lo cual se recomienda en un recipiente colocar la gema o el cristal, dejándolos al menos 1 día. También puedes meditar, cuando lo sientas, colocando las manos sobre el recipiente y de forma interna transmitirle tus rezos.

Incienso para el Chakra Sahasrara (7mo Chakra)
1 parte de manzanilla (35 a 40 **gr.**)
1 parte de flores de jazmín (35 a 40 **gr.**)
1 cucharada de Palo Santo en polvo (5 a 10 **gr.**)

1 cucharada de Copal en polvo (5 a 10 **gr.**)

5 gotas de aceite esencial de Bergamota

Este Chakra recibe la energía del Yo Superior, purifica la imaginación. Se corresponde con la glándula pineal (la que, de ser dominada, nos permitiría vivir eternamente en este plano). Se relaciona con el sistema nervioso central, el sistema motor. La capacidad de mando. Humildad, idealismo. Concreción de grandes proyectos. Adaptabilidad. Respeto por la naturaleza. Identificación personal con el infinito. Unidad con Dios. Paz y sabiduría.

Aclaración: El agua que se utiliza para la confección del aglutinante de la mezcla puede ser previamente cargada con Amatista. Para lo cual se recomienda en un recipiente colocar la gema o el cristal, dejándolos al menos 1 día. También puedes meditar, cuando lo sientas, colocando las manos sobre el recipiente y de forma interna transmitirle tus rezos.

Sahumerios Esotéricos

Los 7 poderes

En la magia de los sahumerios es muy común encontrarse con los sahumerios de 7 poderes. Este número es elegido ya que posee una gran carga mágica y mística, como número de la perfección pitagórica, en la geometría sagrada y en casi todos los textos antiguos. Para algunos brujos de la antigüedad diestros en el arte de crear sahumerios mágicos, buscaban la mezcla perfecta para el propósito mágico a través de 7 plantas. En la Actualidad parte de esas recetas han sobrevivido principalmente en esencia.

Incienso de 7 poderes de Limpieza
1 cucharada de Romero triturado (5 a 10 **gr.**)
1 cucharada de Runda triturada (5 a 10 **gr.**)
1 cucharada de Sándalo en polvo (5 a 10 **gr.**)
1 cucharada de Incienso en polvo (5 a 10 **gr.**)
1 cucharada de Mirra en polvo (5 a 10 **gr.**)
1 cucharada de Lavanda en polvo (5 a 10 **gr.**)
1 cucharada de Sangre de Dragón en polvo (5 a 10 **gr.**)
En este caso es un 7 poderes de limpieza, purificación y consagración de espacios.

Incienso de 7 poderes de Amor
1 cucharada de Romero triturado (5 a 10 **gr.**)
1 cucharada de pétalos de Rosas Blancas trituradas (5 a 10 **gr.**)

1 cucharada de pétalos de Rosas Rosadas trituradas (5 a 10 **gr**.)
1 cucharada de pétalos de Rosas Rojas trituradas (5 a 10 **gr**.)
1 cucharada de pétalos de Jazmín en polvo (5 a 10 **gr**.)
1 cucharada de Almizcle en polvo (5 a 10 **gr**.)
1 cucharada de Canela en polvo (5 a 10 **gr**.)
Este es un 7 poderes de Amor, es un tipo de sahumerios que se lo crea para acompañar todo tipo de rituales de Amor.

Incienso de 7 poderes de Abundancia
1 cucharada de Romero triturado (5 a 10 **gr**.)
1 cucharada de Albahaca triturada (5 a 10 **gr**.)
1 cucharada de Canela en polvo (5 a 10 **gr**.)
1 cucharada de cascara de naranja triturada (5 a 10 **gr**.)
1 cucharada de cascara de mandarina triturada (5 a 10 **gr**.)
1 cucharada de Benjuí en polvo (5 a 10 **gr**.)
1 cucharada de Pétalos de Girasol (5 a 10 **gr**.)
Este 7 poderes en particular se utiliza para acompañar los rituales de prosperidad, abundancia, nuevos proyectos y en los que se desea alcanzar un objetivo laboral.

Incienso de 7 poderes de Sanación
1 cucharada de Romero triturado (5 a 10 **gr**.)
1 cucharada de Eucaliptus medicinalis triturada (5 a 10 **gr**.)
1 cucharada de Incienso en polvo (5 a 10 **gr**.)
1 cucharada de Sangre de Dragón polvo (5 a 10 **gr**.)
1 cucharada de Mirra en polvo (5 a 10 **gr**.)

1 cucharada de Lavanda en polvo (5 a 10 **gr.**)
1 cucharada de Menta en polvo (5 a 10 **gr.**)
Esta clase de 7 poderes se la utiliza para acompañar los rituales de sanación tanto los de carácter psíquico como emocionales.

Incienso de 7 poderes para procesos Espirituales
1 cucharada de corteza de pino en polvo (5 a 10 **gr.**)
1 cucharada de pétalos de Rosas triturada (5 a 10 **gr.**)
1 cucharada de Sándalo en polvo (5 a 10 **gr.**)
1 cucharada de Incienso en polvo (5 a 10 **gr.**)
1 cucharada de Mirra en polvo (5 a 10 **gr.**)
1 cucharada de Lavanda en polvo (5 a 10 **gr.**)
1 cucharada de Sangre de Dragón en polvo (5 a 10 **gr.**)
Este preparado de 7 poderes suele ser muy útil para acompañar los rituales de crecimiento espiritual, también aquellos rituales que permiten reconocer las trabas, las limitaciones mentales, los bloqueos espirituales y amortiguadores de la consciencia.

Preparados especiales

Incienso para sanación Femenina
1 parte pétalos de Rosa (35 a 40 **gr.**)
1 parte de pétalos de Jazmín (35 a 40 **gr.**)
1 parte de Romero (35 a 40 **gr.**)
1 cucharada de corteza de abedul en polvo (5 a 10 **gr.**)
1 cucharada de corteza de sauce en polvo (5 a 10 **gr.**)
Estos Sahumerios son creados y consagrados para acompañar las terapias de sanación femeninas como también para los procesos de empoderamiento femenino.

Incienso para sanación Masculina
1 parte de Salvia (45 a 50 **gr.**)
1 parte de Romero (45 a 50 **gr.**)
1 cucharada de corteza de Roble en polvo (5 a 10 **gr.**)
1 cucharada de corteza de Pino en polvo (5 a 10 **gr.**)
Estos Sahumerios son un poderoso aliado para acompañar los procesos de sanación masculina como también para los procesos de empoderamiento masculino.

Incienso para desterrar espíritus obsesores
1 parte de salvia blanca (45 a 50 **gr.**)
1 parte de ortiga (45 a 50 **gr.**)
½ parte de ruda (20 a 25 **gr.**)
¼ de polvo de acacia (10 a 13 **gr.**)

¼ de alcanfor (10 a 13 **gr.**)

3 pizcas de azufre (**6** a 8 **gr.**)

3 pizcas de sal de bruja (6 a 8 **gr.**)

Quemar en lugares donde se precisa desterrar presencias poco agradables. Utilizar dentro de un círculo mágico y con rituales de destierro apropiados.

Incienso para devolver magia hecha en tu contra

1 parte de gordolobo (60 a 65 **gr.**)

1 parte de Ruda (60 a 65 **gr.**)

½ de sangre de dragón (20 a 25 **gr.**)

Si sabes quien ha estado trabajando en tu contra, escribe el nombre de la persona que te está haciendo el maleficio en un papel y pon el incienso sobre el `papel. Enciende el incienso y visualiza a la persona frente a ti, con una pluma negra hecha el humo delante de ti donde estaría esa persona mientras dices: "Regresa regresa a quien te origino a quien te creo" Cuando se haya consumido toma las cenizas y échalas en agua viva que corre.

Incienso para los espíritus del lugar

1 parte de pino (40 a 45 **gr.**)

1 parte de cedro (40 a 45 **gr.**)

1 parte de ortiga (40 a 45 **gr.**)

½ sangre de dragón (20 a 25 **gr.**)

1 pizca de azufre (3 a 5 **gr.**)

2 gotas de aceite esencial de canela

5 gotas de aceite esencial de Pachuli

Se usa para honrar al espíritu del lugar y a la energía serpentina de las líneas ley que pueden ser interceptadas con las varas y honradas con este incienso

Sangre Feérica

1 parte de rosas rojas secas (70 a 75 **gr.**)
½ parte de sangre de dragón (30 a 35 **gr.**)
½ parte de bayas de sauco (30 a 35 **gr.**)
½ parte de moras silvestres secas (30 a 35 **gr.**)
1-5 gotas de aceite esencial de enebro
1 gota de tu sangre
Quema este incienso cuando trabajes con las hadas de preferencia al aire libre y cuando les haces peticiones, este incienso hace que se pongan activas y las llena de poder.

Para calmar a los espíritus

1 parte de alcanfor (45 a 50 **gr.**)
1 parte de rosas blancas (45 a 50 **gr.**)
½ de raíz de valeriana (20 a 25 **gr.**)
½ de raíz de angélica (20 a 25 **gr.**)
1-3 gotas de aceite esencial de lavanda
Usar antes de hacer uso del incienso para desterrar espíritus en cualquier lugar donde se presenten espíritus inquietos, acompañar con ofrendas durante algún tiempo, si esto los vuelve más violentos tomar medidas extremas.

Incienso de la Diosa Blanca

1 parte de flores de gardenia (50 a 55 **gr.**)
1 parte de rosas blancas (50 a 55 **gr.**)

1/2 parte de corteza de abedul o álamo blanco (**20** a
25 gr.)
1/2 parte de corteza de sauce (**20** a **25 gr.**)
¼ parte de hojas de hiedra (**15** a **20 gr.**)
5 gotas de aceite esencial de jazmín
3 gotas de aceite esencial de sándalo
Quemar este incienso en honor de la Diosa blanca y en
ritos lunares.

Incienso de la Diosa Oscura
1 parte de flores de violeta (**40** a **45 gr.**)
1 parte de verbena (40 a 45 **gr.**)
½ corteza de sauce (10 a 15 **gr.**)
½ resina de mirra (10 a 15 **gr.**)
½ ajenjo (10 a 15 **gr.**)
½ de hojas secas de mora (10 a 15 **gr.**)
5 gotas de aceite esencial de Neroli
Quemar en ritos donde se invoque a la Diosa Oscura o
cuando se le haga peticiones.

Incienso del Dios Rojo
½ parte de copal dorado (15 a 20 **gr.**)
1 parte de Agujas de pino (45 a 50 **gr.**)
½ parte de resina de incienso (15 a 20 **gr.**)
½ parte de flores de caléndula (15 a 20 **gr.**)
½ parte de canela (15 a 20 **gr.**)
¼ de cilantro (5 a 10 **gr.**)
¼ flores de girasol (5 a 10 **gr.**)
Este incienso se quema en festivales solares y en ritos
de amor y sexualidad donde se convoca el aspecto más
sensual y sexual del Dios de la Tierra.

Incienso para el Dios Astado
1 parte de salvia (45 a 50 **gr.**)

1 parte de pino (45 a 50 **gr.**)
1 parte de ciprés (45 a 50 **gr.**)
¼ gotas de ámbar (6 a 7 gotas)
¼ copal oscuro (5 a 7 **gr.**)
1 pizca de tierra de un lugar salvaje
3 pelos de perro negro
Quemar en ritos al aire libre para honrar al Guardián
de los bosques y la vida salvaje

Incienso de Abundancia
1 parte de pétalos de girasol (55 a 60 **gr.**)
1 parte de cascaras de naranja (55 a 60 **gr.**)
½ parte cascaras de mandarina (25 a 30 **gr.**)
1 pizca de harina de maíz (3 a 5 **gr.**)
1 pizca de tierra de un sembrío (3 a 5 **gr.**)
5 gotas de leche
Quemar en ritos de abundancia y cargar con el humo
los billetes y monedas así como la cartilla de su cuenta
bancaria

Incienso del amor
1 parte de pétalos rojos de clavel (45 a 50 **gr.**)
1 parte de pétalos blancos de clavel (45 a 50 **gr.**)
1 parte de pétalos de geranio (45 a 50 **gr.**)
3 gotas de aceite esencial de rosas
6 gotas de aceite esencial de ylang- ylang
3 gotas de vino blanco
3 gotas de vino tinto
Este incienso busca despertar la energía del Amor y
atraer dichas vibraciones en armonía con el corazón.
También ayuda a desarrollar y despertar el amor
propio.

Arcángeles

Esta sección de Sahumerios mágicos fue escrita por Aurelia Romero Cordero Araus, quien amablemente nos comparte sus recetas mágicas para ampliar aun más el material y que puedan sacar mayor provecho de este curso-libro.

Cada uno de nosotros tiene un equipo de apoyo conformado por entidades divinas: dioses, diosas, maestros de luz, ángeles (repartidos en múltiples legiones), ancestros y arcángeles son algunas de las figuras que forman parte de este equipo. De entre ellas, los Arcángeles son considerados los protectores del orden universal, así como los guías, sanadores y asistentes de la humanidad entera.

Cada Arcángel tiene una especialidad distinta; eso es lo que debemos tomar en cuenta al momento de elegir a cuál de ellos acudir. Tienen herramientas distintas para ayudarnos a transitar los momentos más difíciles de nuestras vidas por lo que podemos invocarlos para pedir su luz y su fortaleza.

Incienso para el Arcángel Miguel
1 parte de romero (50 a 55 **gr.**)
1 partes de laurel (50 a 55 **gr.**)
1/2 partes de albahaca (**20** a 25 **gr.**)
1 Cucharada de Canela en polvo (5 a 10 **gr.**)
1 Cucharada de Palo Santo en Polvo (5 a 10 **gr.**)

El patrono de la protección, el líder de la justicia, la misericordia y el defensor de la virtud. Asiste a quienes se sienten paralizados por el miedo, confundidos frente a la incertidumbre o temerosos de su seguridad en cualquier aspecto. Nos ayuda a dejar atrás la duda o el miedo y a tomar decisiones que pueden cambiarnos la vida. Es reconocido como el protector de los guerreros así como de los maestros espirituales y energéticos.

Incienso para el Arcángel Gabriel
1 partes de pétalos de lirio (50 a 55 **gr.**)
1 cucharada de Benjuí en Polvo (5 a 10 **gr.**)
1 cucharada de Nuez Moscada en Polvo (5 a 10 **gr.**)
1/2 parte de laurel (25 a 30 **gr.**)
1/2 parte de artemisa (25 a 30 **gr.**)
El patrono de la comunicación, la conexión y la inspiración. Asiste a quienes están involucrados en malos entendidos, a los que están buscando motivación o confianza en sí mismos. Nos ayuda a trabajar en nuestra disciplina y a desarrollar nuestras habilidades personales.

Incienso para el Arcángel Rafael
2 partes de eucalipto (90 a 95 **gr.**)
1 cucharada de Mirra en polvo (5 a 10 **gr.**)
1 parte de tomillo (40 a 45 **gr.**)
1 cucharada de Sándalo en polvo (5 a 10 **gr.**)

El patrono de la sanación a nivel físico, mental, emocional y espiritual. Asiste a quienes están atravesando tratamientos médicos complicados o lesiones importantes, o a quienes se encuentran en procesos de regenerar cualquiera de sus sistemas. Nos ayuda a restaurar el equilibrio, a encontrar la raíz de los malestares, a mantener la paz y promover la armonía en nosotros mismos.

Incienso para el Arcángel Uriel
1 partes de cedro (50 a 55 **gr.**)
1 partes de pétalos de girasol (50 a 55 **gr.**)
1 cucharada de sándalo en polvo (5 a 10 **gr.**)
1 cucharada de jengibre en polvo (5 a 10 **gr.**)
El patrono de la prosperidad, la vitalidad, la riqueza y la abundancia divina. Asiste a quienes inician proyectos de vida nuevos, que están construyendo nuevas formas de generar prosperidad en sus vidas, a quienes quieren conectarse con las corrientes de la sabiduría o de la magia y a los que se sienten carentes. Nos ayuda a conectar con las energías superiores, a encontrar la abundancia en nuestras vidas, a levantar la energía del ser, a conectar con el conocimiento superior, a fortalecer la paz interior y a fluir con los ritmos de la vida.

Incienso para el Arcángel Jofiel
2 cucharadas de copal en polvo (15 a 20 **gr.**)
2 cucharadas de sándalo en polvo (15 a 20 **gr.**)
1 partes de manzanilla (80 a 85 **gr.**)

El patrono de la visión, la belleza y el pensamiento. Asiste a quienes se encuentran en dificultades con sus procesos creativos, a los que se sienten perdidos en medio del caos, a los que buscan una nueva manera de entender las cosas y a quienes necesitan organizar sus proyectos o priorizar sus actividades. Nos ayuda a mantenernos enfocados, a escoger una perspectiva de aprendizaje sobre las cosas que nos suceden, a procurarnos pausas para evaluar o descansar y a reconocer nuestro ego.

Incienso para el Arcángel Zadquiel
1 partes de violeta (40 a 45 **gr.**)
1 cucharada de nuez moscada (5 a 10 **gr.**)
1 parte de lavanda (40 a 45 **gr.**)
1 parte de saliva (40 a 45 **gr.**)
El patrono de la trasmutación, la transformación, la benevolencia y la confianza en lo divino. Asiste a quienes sienten que se encuentran en un momento muy oscuro de sus vidas, a los que están prisioneros de sus problemas o dificultades, a quienes necesitan conectar con su capacidad de perdonar y perdonarse, a los que se encuentran en momentos de transición importantes en su vida. Nos ayuda a aceptar los cambios, a encontrar nuevas herramientas, a perder el miedo a intentar, a integrar la paz emocional, a sanar heridas emocionales y a integrar momentos traumáticos de nuestras vidas que siguen teniendo impacto en nuestras vidas.

Incienso para el Arcángel Chamuel
1 partes de pétalos de rosa (50 a 55 **gr.**)
1/3 parte de hibisco (**10** a 15 **gr.**)

1 partes de lavanda (**10** a 15 **gr.**)

1/3 parte de romero (50 a 55 **gr.**)

1/3 parte de cáscara de naranja en polvo (**10** a 15 **gr.**) El patrono del amor universal e incondicional, de las vibras energéticas altas y de la interconexión entre todos los seres. Asiste a quienes buscan ser ellos mismos, a los que necesitan fortalecer su camino de vida, a los que buscan fomentar su conexión con la divinidad, a quienes necesitan reparar sus relaciones y a quienes se sientes solo o aislado. Nos ayuda a encontrar fortaleza y valentía para enfrentar los obstáculos, conectar con nuestro propósito de vida, sentir gratitud y a sanar la forma en la que nos relacionamos con nosotros mismos así como con los demás.

Apéndice

Darle color a tus Sahumerios

Este es un aspecto estético que carece de cualidades esotéricas pero para aquellos que desean comercializar sus sahumerios artesanales les resultara interesante. **Método 1:** Una de las formas que podemos utilizar para darles color es a través de los pigmentos de algunas verduras por ejemplo. Es el caso de la remolacha para el color violeta o el cazo de la zanahoria para el color naranja.
Procedimiento: siguiendo el ejemplo de la remolacha. Tomaremos un rayador de metal y vamos a rayar lo más fino que podamos. El resultado lo dejaremos secar unos días para luego tamizar en el mortero, tratando de que se vuelva polvo.
Podemos conservarlo en un frasco oscuro y a la hora de utilizarlo, lo incorporaremos a nuestra mezcla junto con las hierbas a utilizar, en el paso 2 y poder esparcirlo bien el paso siguiente.
Notaran que cuando podemos el aglutinante líquido ya tomara un poco el color deseado y cuando sequen el color se asentara un poco más.
Cantidad: se recomienda utilizar 1 o 2 cucharadas (entre 10gr y 15 gr)

Método 2: Otra forma de alcanzar colores es utilizando tiza molida, como son el azul o el celeste por ejemplo.

Procedimiento: simplemente vamos a tomar la tiza del color deseado y vamos a molerla en un mortero hasta que obtengamos un polvo.

Es importante destacar que las hiervas de por si poseen un pigmento y a veces al combinarse con la tiza molida en el preparado salen colores diferentes al que se busca, ej: Polvo de tiza amarilla con un preparado de hojas vamos a obtener sahumerios color verde.

El polvo de tiza debe ser aplicado igual que en el caso anterior, al momento de colocar las hierbas y mezclar en seco (paso 2 y 3).

Cantidad: se recomienda utilizar 1 o 2 cucharadas (entre10gr y 15 gr)

Método 3: También podemos aprovechar algunas resinas en polvo que al ser concentrados tan potentes pueden influir en el color de nuestro sahumerio a través de su pigmento. Es el caso de la Sangre de Dragón que es muy utilizada para el color rojo y el Almizcle para el color amarillo.

Procedimiento: se coloca la resina en polvo directamente en el preparado en seco como mencionamos en los casos anteriores (paso 2 y 3).

Cantidad: se recomienda utilizar 1 o 2 cucharadas (entre 10gr y 15 gr)

Código para ingresar a
las vídeo clases de
acompañamiento del
material en

Google Clasroom:

4tvhw7e

Made in United States
Orlando, FL
29 August 2023

36526646R00071

Sahumerios Mágicos

CURSO · LIBRO

Esta modalidad de Curso-Libro busca poder brindar el
conocimiento necesario para que el practicante de magia pueda
experimentar la alquimia de la preparación de sahumerios mágicos. Para lo
cual no solo nos valdremos del recurso escrito sino también de material
audio-visual aprovechando los beneficios que brinda hoy la tecnología.
Este Curso-Libro incluye un código de acceso a la
plataforma Google Clasroom donde se encuentran vídeos explicativos de
los diferentes temas que se desarrollan en cada capítulo, como también
clases prácticas con consejos para cada preparación y demostraciones de
como poder consagrar tus sahumerios para luego utilizar en tus rituales,
practicas de meditación o trabajo personal espiritual.
Se elige este método para brindar este curso de
Sahumerios ya que permite brindar mayor material, el cual se lo presenta
de una forma más ordenada y el acompañamiento de clases en vídeo
permite que siempre estén disponibles para el practicante en el momento
que decide crear sus sahumerios mágicos.
Además, en el material se presenta una guía de
correspondencias de las maderas, hierbas, resinas y flores más utilizadas
en la preparación de sahumerios mágicos, como también las principales
recetas que
abracan distintas intenciones mágicas como trabajo espiritual, limpieza de
energías, armonizar espacios, acompañar procesos de sanación, etc.

ISBN 9798666780596

9 0 0 0

9 798666 780596